カペー朝

フランス王朝史1

佐藤賢一

JN275722

講談社現代新書

2005

目次

系図・地図制作――さくら工芸社
写真提供――ＷＰＳ

はじめに　フランス王とは誰か

最初のルイは誰か

フランスと聞いて、どこの国かと首を傾《かし》げる日本人はいない。

現在は共和政を採用しているこの国が、かつては王政を敷いていたことを、それも有名な大革命を経験するまでは、いわゆる「絶対王政」を代表する王国だったことを知る向きも、それほど少ないわけではないだろう。

おりからの海外旅行熱であり、ルーヴルだの、ヴェルサイユだの、その昔に栄華を極めたフランス王の宮殿を、実際に自分の足で訪ねた読者も多数いるかもしれない。そうした機会に、しばしば聞かされるのが、ルイ十三世とか、十四世とか、十五世とか、十六世とか、これだけ沢山の王によくぞ同じ名前をつけたものだと、日本人の感覚では溜め息を余儀なくされる歴史の一幕である。が、そもそもを辿《たど》るルイ一世は、フランス王でなかったという事実を、果たして存じておられただろうか。

フランスの歴史は、おおまかにガリア人の時代、古代ローマ帝国の属州時代、フランク王国（帝国）の時代、フランス王国の時代と進んでくる。とはいえ、部族単位で生活し、国という国もなかったガリア人の時代、広大な帝国の一部だった古代ローマの時代、さらにゲルマン民族の大移動で、その一流フランク族が建てたフランク王国の時代にいたるまでは、当然ながらフランスという国を論じることなどできない。

特にフランク王国の時代についていえば、その間に二つの王朝が起こり、また滅びている。クロヴィスを始祖とするメロヴィング朝の王家は、その版図《はんと》に現在のベルギー、オランダ、ドイツの一部を加えながら、半面では西ゴート王国、ブルグント王国、ブルターニュ王国など、現在のフランスに相当する地域に別国家の興隆もみていた。

一方でピピンを始祖とするカロリング朝の王家は、わけても二代シャルルマーニュの征服事業で今日のフランス、ベルギー、オランダは無論のこと、ドイツやイタリアに相当する地域までを包摂していた。

シャルルマーニュは八〇〇年に戴冠して、古代ローマ皇帝の後継者を称した。かつての西ローマ帝国の版図さえ凌駕《りょうが》して、ほぼ西ヨーロッパと同義となる巨大勢力圏を形成しながら、その国は名実ともに「フランク帝国」だったのである。

ヴェルダン条約とメルセン条約

では、フランスという国ができたのはいつか。教科書的な史実を引けば、その起源は八四三年のヴェルダン条約、ならびに八七〇年のメルセン条約に求められる。

これはカロリング朝の三代ルイ敬虔《けいけん》帝の崩御を受けた、その息子たち、そのまた息子たちの取り決めである。兄弟それぞれに王国を持とうということで、まず八四三年のヴェルダン条約で、祖父シャルルマーニュが築いた大フランク帝国が、次ページの地図のように三分割された。すなわち、中央フランク王国と皇帝位を長男ロタールが、東フランク王国を三男ルイが、西フランク王国を四男シャルルが、それぞれ相続したのである。

そのうち現在のオランダ、ベルギーから、フランスのブールゴーニュ地方、プロヴァンス地方、スイス、北イタリアを含んでいた中央フランク王国は、ロタール帝の遺言で八五五年に、さらに細かく三人の息子たちに分割された。すなわち、イタリア王国と皇帝位を長男ルイ二世が、ロレーヌ王国を次男ロタールが、ブールゴーニュ・プロヴァンス王国を三男シャルルが、それぞれ取るという格好である。

しかしながら、八六三年にはシャルルが、八六九年にはロタールが、ともに早世してしまった。ために叔父にあたる東フランク王ルイと西フランク王シャルルが、中央フランク

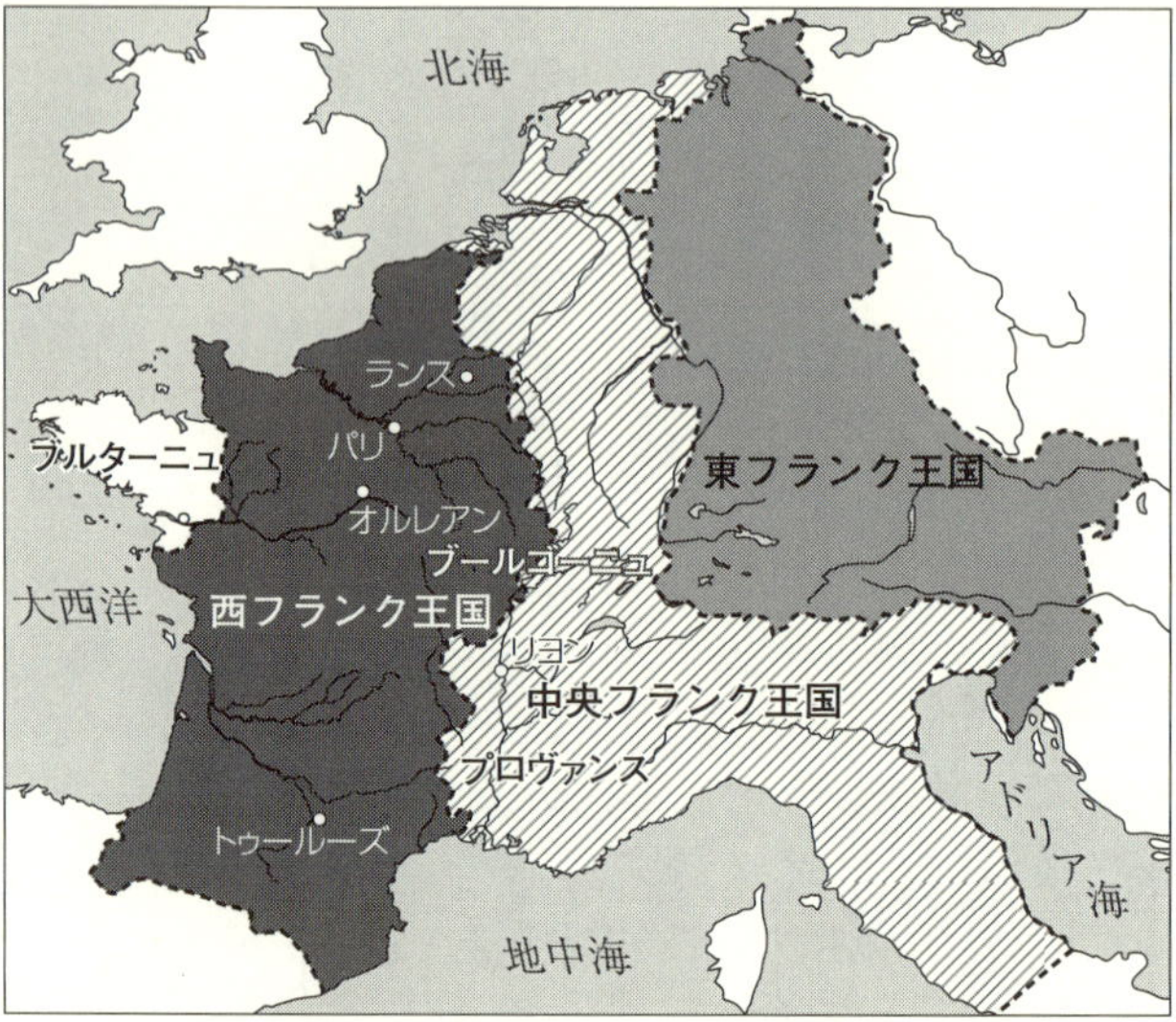

ヴェルダン条約によるフランク帝国の分割

の再分割を強引に決めたというのが、八七〇年のメルセン条約なのである。

ここに今日のイタリア、ドイツ、フランスの祖形が立ち現れた。嫡《ちゃく》流《りゅう》の皇帝ルイ二世の取り分がイタリアの、東フランク王国がドイツの、西フランク王国がフランスの、それぞれ起源になったというのが、ヨーロッパ史の教科書的な理解なのだ。が、それは後世から眺め返した、いわば結果論であるにすぎない。

第一に王国の分割は、これが初めてのものでも、また珍しいものでもなかった。ゲルマン民族、わけてもフランク人の感覚では、王国といえども親から子へ受け継がれるべき相続財産にすぎなかった。有体《ありてい》にいえば実入りのある不動産なのであり、息子が複数いれば複数に分けることに、さほどの抵抗もなかったのだ。

事実、メロヴィング朝の始祖クロヴィスからして、長男ティエリにランスを都とする王国を、次男クロドミールにオルレアンを都とする王国を、三男キルデベルトにパリを都とする王国を、四男クロタールにソワソンを都とする王国を与えて、死後には自分の王国を四分割してしまっている。それぞれの家系が断絶するたびに再分割が試みられ、三王国の並立というならば、六世紀末葉から七世紀にかけても、アウストラシア（東王国）、ネウストリア（西王国）、ブルグントという三王国の並立が、慣行として定着したほどなのである。

カロリング朝の始祖となるピピン三世は、そのうちのアウストラシアで代々王家の宮宰《きゅうさい》を務めた家門の出だった。

他の血統が絶えていくなか、メロヴィング朝の生き残りとして、たまたま三王国に君臨することになったテウデリク三世に働きかけて、自らに全フランク王国の宮宰の地位を与えさせたのが、七世紀の末頃のピピン二世である。カール・マルテル、ピピン三世と代替わりしながらも、卓越した手腕で三王国を切り盛りしていたからこそ、七五一年に自らが王位に登るときに、フランク王国は分割されていなかったと、それだけの話なのである。

八四三年のヴェルダン条約、ならびに八七〇年のメルセン条約で、再びフランク帝国が三分してしまったからといって、この出来事だけを特別視する理由はない。

第二にヴェルダン条約が結ばれ、メルセン条約を経ているからといって、西フランク王が向後はフランス王だと名前を改め、あるいは西フランク王国がいきなりフランス王国に転化したわけではないという、当たり前にすぎる断りがある。少なくとも直後の諸王には、統一フランク王国、あるいは大フランク帝国の考え方が残っていた。

分割の一方の立役者である西フランク王シャルル二世の行動をみよう。別に「禿頭王《とくとう》」の名前を残すところから推すと、なかなかの精力家だったのか、シャルルは皇帝位とイタリアを与えられていた嫡流の甥ルイ、もしくはルイジ二世が八七五年に崩御すると、いち早くローマに出かけて、自ら戴冠して皇帝となっている。その翌年に兄の東フランク王ルイ、もしくはルードヴィッヒが亡くなると、今度はライン河を越えた軍事侵攻に着手して、名実ともに大フランク帝国を再興しようとしたほどなのである。

頭にあるのは、あくまでもフランクだった。全てを制圧するには力が足らず、西フランク王として、おおよそ現在のフランスに相当する版図に再び閉じこもらざるをえなかったとしても、である。

シャルル二世のあと、カロリング朝はルイ二世、ルイ三世、カルロマン、シャルル三世、ルイ四世、ロテール、ルイ五世と続いたところで断絶する。王位を継いだのがユーグ・カペーで、カペー朝の始祖となった人物だ。ここからはヴァロワ朝、ブルボン朝に至るまで、もう異論の余地もないかのように「フランス王国」の歴史が語られていくわけだが、まだ頭にフランク王国があったとするなら、いくらか釈然としないことになる。

フランク王か、フランス王か

実際のところ、はじめに取り上げたルイ十三世、十四世という数え上げも、そもそもの一世を探そうとすれば、カロリング家のフランク皇帝ルイ一世、つまりは息子たちに帝国分割を許した敬虔帝に辿りつく。遂には十世を数えるシャルルも、フランス王家に多い名前になるわけだが、こちらも元を辿ればフランク皇帝シャルル一世こと、シャルルマーニュに行き着くのである。ならば、ことさら「フランス王家」を取り上げて、その歴史を物語るという試みは、なんともちぐはぐな命題だといわなければならない。

中世のフランス王はラテン語で **Rex Francorum** と名乗りを上げた。**Francorum** という語は **Francus** の複数属格であり、訳せば「フランス人たちの王」くらいになる。が、あくまで日本語に訳せばということで、**Francus** という語は「フランク人」に取ることも可能なのである。ラテン語がフランス語になるときに、単に発音の上で「フランク」が「フランス」に訛《なま》っただけの話であり、いうところのフランス王国とは西フランク王国のことに他ならないのだと、ここは素直に認めるべきだろうか。

私はそうは思わない。「フランク」と「フランス」は単に発音上の問題だとしても、頭の「西」が取れたことに、それも十世紀の初頭にはもう取れてしまったことに、大きな意味があると考えるからである。

様々に議論はあれ、なぜ「西」が取れたのかといえば、つけて区別する必要がなくなったから、つまりは中央フランクも、東フランクも、それとしては存在しなくなったからである。それが証拠に、ヴェルダン条約の時点における中央フランクの版図には、現在もベルギー、オランダ、ルクセンブルク、リヒテンシュタイン、スイス、イタリアと複数の国が並立している。アルザス・ロレーヌ地方などは、前の世界大戦までドイツ領になったり、フランス領になったりしていた。メルセン条約で祖形を浮かび上がらせた、イタリアという国にしてみても、その統一は十九世紀まで遅れている。他方の東フランクにいたっては、現在なおドイツとオーストリアが並立し、ドイツだけを取り上げても、やはり悲願の統一は十九世紀なのである。

中央フランク、東フランク、ともにフランク王国であることを、早々に止めたという意味だ。あちらこちら盥回《たらい》しにされながら、ドイツには皇帝の権威が残るが、それはあくまでローマ皇帝の位である。またフランク王も早々にいなくなっている。単にカロリングの血統が絶えたという意味に留まらず、それとして位を継承するものさえいなくなった。いいかえれば、中央フランクなり、東フランクなりを、一個の国として成り立たせる担い手がいなくなったのである。

西フランクの場合は反対に、その王国を決定的に崩壊させることなく、新時代にフランスとして力強く蘇らせた功労者がいたことになる。クロヴィス以来の王国の中核に位置したという、恵まれた条件が加味されなければならないとはいえ、それ自体は異論の余地もない偉業だ。とすると、これを遂げた英雄こそは、カペー朝、ヴァロワ朝、ブルボン朝と続いた、いうところのフランス王家であるとはいえまいか。累代にわたる国造りの物語として、諸王の奮闘を描き出す試みは可能なのではあるまいか。

かかる思いつきから、筆者は本書を手がけている。それこそ面白い歴史になるだろうと、確信したからである。

前置きが長くなった。論より証拠と、まずはカペー朝の王たちの物語から。

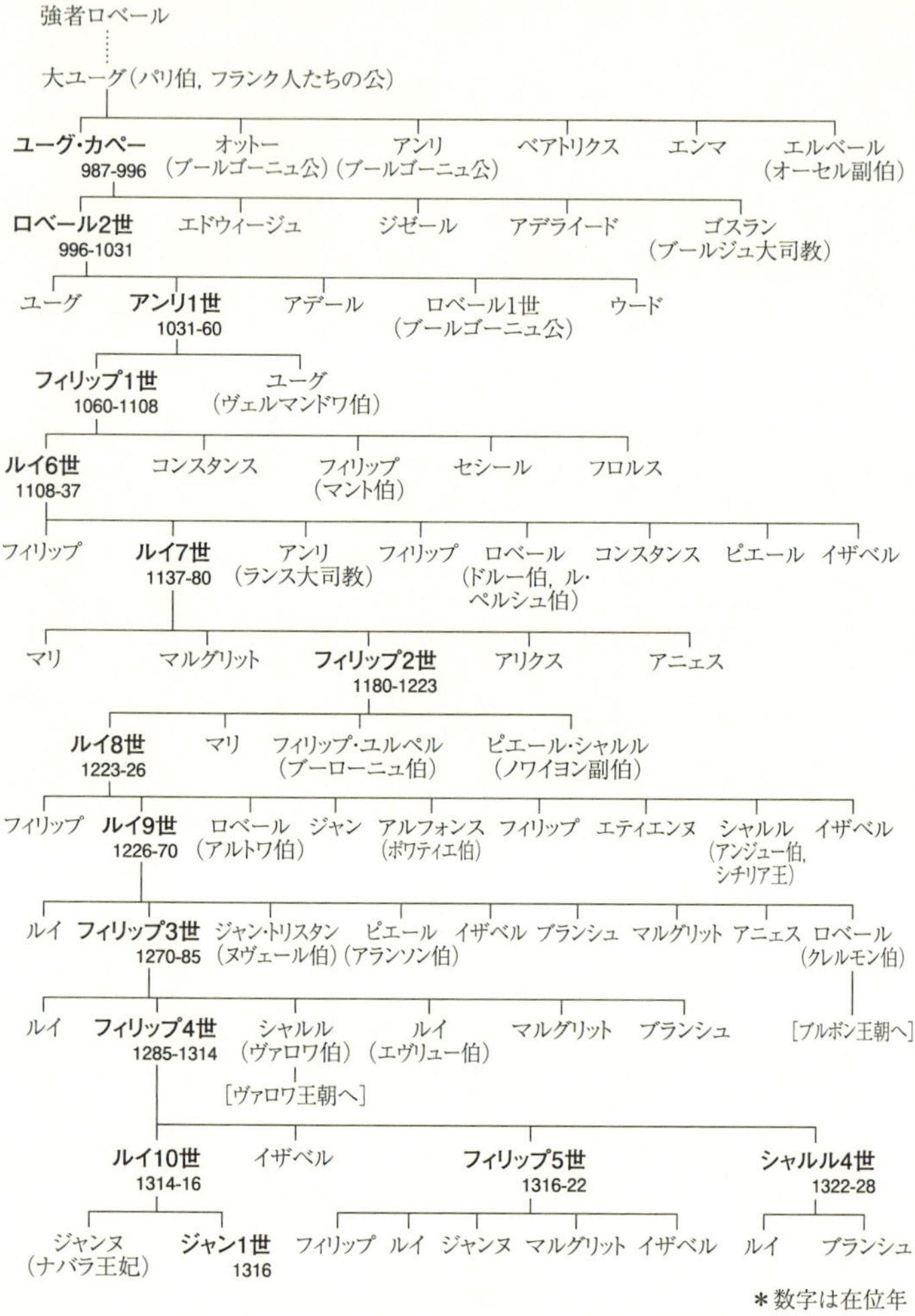
強者ロベール
大ユーグ（パリ伯，フランク人たちの公）
ユーグ・カペー 987-996
オットー（ブールゴーニュ公）
アンリ（ブールゴーニュ公）
ベアトリクス
エンマ
エルベール（オーセル副伯）
ロベール2世 996-1031
エドウィージュ
ジゼール
アデライード
ゴスラン（ブールジュ大司教）
ユーグ
アンリ1世 1031-60
アデール
ロベール1世（ブールゴーニュ公）
ウード
フィリップ1世 1060-1108
ユーグ（ヴェルマンドワ伯）
ルイ6世 1108-37
コンスタンス
フィリップ（マント伯）
セシール
フロルス
フィリップ
ルイ7世 1137-80
アンリ（ランス大司教）
フィリップ
ロベール（ドルー伯，ル・ペルシュ伯）
コンスタンス
ピエール
イザベル
マリ
マルグリット
フィリップ2世 1180-1223
アリクス
アニェス
ルイ8世 1223-26
マリ
フィリップ・ユルペル（ブーローニュ伯）
ピエール・シャルル（ノワイヨン副伯）
フィリップ
ルイ9世 1226-70
ロベール（アルトワ伯）
ジャン
アルフォンス（ポワティエ伯）
フィリップ
エティエンヌ
シャルル（アンジュー伯，シチリア王）
イザベル
ルイ
フィリップ3世 1270-85
ジャン・トリスタン（ヌヴェール伯）
ピエール（アランソン伯）
イザベル
ブランシュ
マルグリット
アニェス
ロベール（クレルモン伯）
ルイ
フィリップ4世 1285-1314
シャルル（ヴァロワ伯）
［ヴァロワ王朝へ］
ルイ（エヴリュー伯）
マルグリット
ブランシュ
［ブルボン王朝へ］
ルイ10世 1314-16
イザベル
フィリップ5世 1316-22
シャルル4世 1322-28
ジャンヌ（ナバラ王妃）
ジャン1世 1316
フィリップ
ルイ
ジャンヌ
マルグリット
イザベル
ルイ
ブランシュ
＊数字は在位年

カペー家系図

1　ユーグ・カペー（九八七年～九九六年）

強者ロベール

九八七年、ユーグ・カペーは西フランクの、もしくはフランスの王位に就いた。フランス史に刻まれている、いうところのカペー朝の始まりである。が、そのユーグ・カペーとは、そもそも何者だったのか。

かかる疑問を晴らすために、いったんカロリング朝の末期まで遡《さかのぼ》ることにしよう。ユーグ・カペーは歴史に「ロベール家」と呼ばれる一門から出ている。元来がライン河とムーズ河に挟まれた一帯の豪族だったらしいが、詳しい成り立ちはわかっていない。ただ故地がカロリング家の発祥地に重なっていることから、このフランク王国の宮宰となり、さらに王になる家門と密接に結びついていたことは、ほぼ間違いないようである。

八世紀の後半にはライン河畔のヴォルムスに拠点を据えて、一説にはヴォルムス伯を務めたともいわれている。カロリング家の勢力圏でみると、ヴォルムスは中核というより辺境に位置していて、そのことから外郭の守護を期待された重臣だったことがわかる。主家が皇帝の位まで獲得すると、その宮廷においても小さからぬ地歩を占めたことが、九世紀前半の記録で確かめられている。

いずれにせよ、全ては今日のドイツで繰り広げられた話だ。

ロベール家が今日のフランスに移住したのは九世紀中葉、八四〇年から数年の内だった。そう推定できるのは、当時の家長がなかなかの傑物で、「強者ロベール（Robert le Fort）」と勇ましい名前を歴史に残しているからなわけだが、それにしても故地ヴォルムスを捨ててまで、どうして移住することになったのか。

八四三年のヴェルダン条約で、大フランク帝国が三分割された経緯は前に触れている。中央フランク王国と皇帝位を長男ロタールが、東フランク王国を三男ルイが、西フランク王国を四男シャルルが、それぞれ相続したわけだが、かかる運びは実のところ、王家の家臣団にとっても家運を左右されるほどの一大事件だった。誰に仕え、仕えるからにはどこに住まうべきなのか、各々が選択しなければならなかったからだ。

話を戻せば、つまりは強者ロベールの選択が、王家の末弟シャルル禿頭王に仕えるというものだった。ために西フランク王国、つまりは今日のフランスに相当する地域に移住せざるをえなくなったわけで、はじめは今日のシャンパーニュ地方はランス近郊に地所を与えられている。

とはいえ、それはヴォルムスを捨てたことを後悔しなければならないほど、ささやかな身代にすぎなかった。家運が興隆に転じたのは八五二年、アンジュー、メーヌ、トゥーレーヌというロワール河畔の諸地方に、国王特使として派遣されて以後だった。任地で前トゥール伯の娘アデライドと結婚するや、そのままトゥールとアンジェの伯に任じられて、この地でロベール家は勢力を拡大させたのである。

八六一年には「セーヌ・ロワール両河間における公」にも任じられた。この場合の公は軍事的な意味合いが強かったが、臣下に与えられる最高の称号まで手に入れられたのは、時期が良かったから、いや、逆に悪かったからだというべきか。

ロベールの重用は、西から侵攻してくるブルトン人、それにも増して北から来襲してくるノルマン人、つまりはヴァイキングの猛威から王国の中枢を守るべく、自らが盾となることを引き受けたからだった。トゥールとアンジェを最前線として、当時のロワール地方は西フランク王国の辺境をなしていたのだ。

なるほど、強者ロベールは名に恥じることなく、シリアの大軍を撃破した紀元前ユダヤの英雄に譬《たと》えられて、「現代のマカベオ」と称《たた》えられたほどの武勇の人だった。八六六年、アンジェ近郊を舞台としたブリサルテの戦いでも、自らは命を危うくするほどの傷を負いながら、西フランク王の軍勢に勝利をもたらしている。

ロベール家の台頭とカロリング家の凋落《ちょうらく》

アンジュー、メーヌ、ヴァンドーム等々、ロワール地方の諸伯領を手中に収めたロベール家は、加えるところのセーヌ地方に至る軍事指揮権をよいことに、そこから勢力を東に伸張させていく。強者ロベールの息子、ウードがパリ伯に任じられたのが、八八二年のことだ。

ウードも父の武名に恥じない剛の者だった。八八五年には弱冠二十一歳の若者にして、パリ司教ゴズランと共闘を組みながら、パリ籠城《ろうじょう》戦の指導的な役割を演じている。戦いは首領ジークフリードに率いられたノルマン人が、ルーアンを陥落させた勢いのまま、セーヌ河をパリまで南下してきた運びに端を発するものであり、実に一年に及ぶ長期戦になった。七百艘もの船に囲まれながら、小さなシテ島に閉じこもり、決して音を上げなかった奮闘ぶりは、パリ伯ウードの声望を一気に高めた金字塔なのである。

かかるロベール家の活躍を横目にしながら、カロリング王家のほうは全体どうなっていたものか。

西フランク王シャルル禿頭王が、嫡流の甥ルイジの死後に皇帝位とイタリアを手に入れたこと、さらに兄のルードヴィッヒが亡くなると、ライン河を越えて軍を率いながら、東フランク王国まで併呑《へいどん》しようとしたことは前に触れた。試みは東フランク王位を継いだ甥、ルードヴィッヒ三世の反撃に遭遇して、あえなく失敗してしまう。翌八七七年十月六日、シャルル禿頭王は失意のうちに崩御したが、そのとき確保されていたのは、結局はじめの西フランク王国だけだった。

禿頭王の血統は西フランク王として続いていく。とはいえ、これが些《いささ》か頼りなかった。八七七年に即位したルイ二世は、「吃音王《きつおん》」の名前で歴史に残る人物であり、いや、支配者としての資質は別かもしれないと、周囲が見守るまでもなく、もう八七九年四月十日には崩御している。あとを継いだのが二人の息子、ルイ三世とカルロマンだが、これまた兄のほうが八八二年八月五日に、弟のほうが八八四年十二月六日に、それぞれ早々と事故死に終わってしまったのだ。

これで国政が安定するわけがない。外敵の侵入にも、うまく対処することができない。

前述パリ籠城戦にも名前が出た司教ゴズランは、多数の有力修道院を束ねる聖界の大立者だった。この高位聖職者が王家の不甲斐なさに辟易《へきえき》して、西フランクの王位など東フランクのカール三世に委譲してしまえと、大胆な主張を唱えたことがあった。イタリアを征服して、皇帝位まで手に入れた傑物に、こちらの統治も委ねてしまったほうがよいという理屈だが、かつての大フランク帝国の再興を唱えて、これもドイツだの、フランスだのと後世の物差をあてるより、まだまだフランクの論理が強かった傍証といえる。

この大フランク構想が八八五年、なんと現実のものになった。再統一を遂げたカール三世という男は、その仇名も「肥満帝」。ために心臓に大きな負担がかかったのか、ほどない八八八年一月十三日には崩御してしまう。幸か不幸か大フランク帝国も再び分裂の定めに帰りゆく。西フランクは、やはり西フランクで行くしかない。が、同年二月二十九日、その王座に腰を下ろしたのは、カロリング家の末裔《まつえい》ではなかった。王国有力者の総意で推挙されたのは他でもない、ロベール家のパリ伯ウードだった。

その即位自体は一種のクー・デタである。が、まだ記憶に新しいパリ籠城戦の武名はじめ、ノルマン人を撃退してきた幾多の功績によって、ロベール家が王国の実質的な指導者とみなされるようになっていた事実は見逃せない。あまつさえ晴れの王冠まで手に入れたとなれば、その意味するところは九八七年のユーグ・カペーの即位より、あるいは重要なのかもしれない。なにせカロリング家は王座から転落したのだ。歴史の流れは大きく揺らぎ始めたのだ。

カロリング朝が断絶したわけではない。こちらにはルイ吃音王の三男シャルルが残されていて、伝統の大司教座都市ランスを戴冠の地に選びながら、八九三年二月二十八日に西フランク王たることを宣言した。実力の論理は実力の論理として、正統王朝の権威にもいまだ侮《あなど》れないものがある。王位簒奪《さんだつ》者という立場の弱さもあり、パリ伯ウードは四年の抗争を経た後に妥協せざるをえなくなった。子無くして隠れた場合は、カロリング王家のシャルルに自らの王位を継がせるとの遺言が、それである。

八九八年一月一日、実際そうなった。シャルル「単純王」ことシャルル三世の治世の始まりである。ロベール家はといえば、ウードの弟ロベールに「ネウストリア侯」の地位が安堵されることになった。生前の故王はロワール河からセーヌ河までに到達した自らの勢力圏に、古の分王国にも譬《たと》えて「ネウストリア侯領」と名前を与えていたのである。同じく兄王の遺言で、ロベールには「フランク人たちの公（dux francorum）」という称号も付与されている。先述のように「公」は軍事的意味が強いが、それというのもラテン語のduxが、duco（率いる）という動詞から派生した名詞だからである。軍事に意味を限定したり、あるいは後の身分制度にあてはめて訳したりするより、この場合は平易に「フランク人たちの指導者」とするべきかもしれない。

再び王位へ

ロベール家は王国の一有力者として、いわば出直す格好になった。正統王朝の権威か。新興家門の実力か。続く十世紀の西フランク史は、晴れの王座が両者の間を行きつ戻りつする展開に彩られる。

例えば九二二年、シャルル単純王の失政に不満が募り、王国貴族の反乱が勃発した。その盟主がネウストリア侯ロベールだった。シャルトルの戦いを制して、やはりノルマン人を撃退している英雄は、カロリング家の王を放逐すると、六月三十日に亡き兄ウードに続いて、西フランク王に即位を果たした。今度こそロベール家の天下が続くかと思いきや、シャルル単純王も余力を残していた。それが翌九二三年六月十五日に、ソワソンで軍勢が激突すると、新王ロベールの戦死という結果に転んでしまう。

さりとてことは、カロリング王朝の再度の再興に運ぶわけでもなかった。七月十三日に即位を果たしたのは、ロベールの娘婿にあたるブールゴーニュ公ラウルだった。王国貴族の不満は根強く、シャルル単純王はロベールの今ひとりの娘婿エルベール・ドゥ・ヴェルマンドワにペロンヌに幽閉されたまま、あえなく死没したのである。

ブールゴーニュ公家から出た王の治世でも、政界の座標軸はそれほど動かなかったようだ。ロベール亡きあと、ロベール家を継いだのが息子のユーグだった。これが強《したた》かな切れ者であり、自らは表に出ることなくして、権力固めを着々と進めた。かねてからの基盤であるセーヌ・ロワール間で、二十の伯領を掌握していたというから驚きである。その磐石の権勢はといえば、九三六年にラウルが後継者を持てずに崩御したとき、次の西フランク王位は実力者ユーグの胸三寸というくらいだった。

もちろん自らが王座に腰を下ろすこともできたが、後世に「大ユーグ（Hugues le Grand）」の名前を残す傑物であれば、そんな当たり前のことはしない。反感やまない王国貴族を慰撫《いぶ》説得してまでも、イングランドに亡命していたシャルル単純王の息子、ルイを新王として迎えたのである。ルイ四世こと、人呼んで「ルイ渡海王（Louis d'Outre-mer）」の即位をもって、今度こそカロリング王朝が再興した。九三六年六月十九日のことだ。

渡海王の登位に功績あったユーグは、同年十二月二十五日に再び「フランク人たちの公」という称号を与えられた。国王文書にも「朕の親愛なるユーグ、フランク人たちの公、朕の王国の全てにおける二番手」という表現をされている。妻を娶《めと》るとなっても、ともにドイツ王オットー一世の王女姉妹を、それぞれ迎えたくらいである。

いずれにせよ、ここに来てロベール家は方向を転換した。なにがなんでも王位を手中にしたいというより、陰の実力者として、王国の黒幕として、あるいは事実上の王として、政治を思うがままに動かすほうを選んだのだ。

もちろん、従順な王家の忠僕に成り下がるのとは違う。九三九年にはノルマンディ公と組んで反乱を起こし、九四一年にはレテルの合戦でルイ四世を敗走させ、ときには王家に辛酸を舐《な》めさせたりもしている。かと思えば、九四五年にルイ四世がノルマン人の反乱勢力に捕虜にされると、これを救出してやることで、きちんと恩を売ることも忘れなかった。だからこその実力者なのであり、仮に王位を望めば難なく手に入れられる好機とて、一度や二度ではなかったのである。

繰り返すが、それをユーグは望まなかった。なによりの証拠にカロリング王朝はルイ四世のあとも、息子のロテール、そのまた息子のルイ五世と、途切れることなく続いていく。ロベール家のほうも、九五六年に大ユーグが亡くなり、ユーグ・カペーに代替わりした。この息子もロベール家の既定路線に則《のっと》りながら、九六〇年にはロテールから「フランク人たちの指導者」の称号を与えられている。九八六年にルイ五世が即位すると、翌年の二月には摂政も任された。が、このルイ五世が間もない五月に急死してしまったのだ。

しかも王位を継ぐべき子供がなかった。誰が次の王になるべきかと、様々な思惑が交錯したが、おりしもサンリスで開かれていた諸侯会議で、ランス大司教アダルベロンは国王は世襲でなく、選挙で定められるべきだと主張した。年代記作者リシェが伝えるところ、その肉声は次の通りである。

「この問題を考えるとき、王位は相続の権に基づくのでないということ、王国の頭には肉体に秀で、精神の美質に富み、名誉に推され、大器に支えられるような人物を上げるべきだということを理解しなければなりません」

かくて候補に名前が挙げられたのがロベール家のユーグ・カペーと、前王ルイ五世の叔父にあたる低ロレーヌ公シャルルだった。そのうち王に選出されたのがユーグ・カペーというわけだが、これにはランス司教アダルベロンはじめ聖職者に支持されたこと、ドイツの皇帝家と友好関係にあったこと、亡き大ユーグの政治手腕で婚姻関係が張り巡らされ、自らがアキテーヌ公の妹アデライドを妻としていたのみならず、ノルマンディ公や高ロレーヌ公ら数々の有力者の姻戚《いんせき》になっていたこと、等々の複合的な背景がある。

わけても、聖界の支持は大きかった。他の王位に比して、西フランクの王位に特権的な要素があるとすれば、かねて宗教的な後光が挙げられたからである。

クロヴィスに遡《さかのぼ》る故事で、このメロヴィング朝の王がランスで洗礼を受けたとき、天から聖油がもたらされ、その霊験で身体を「聖別（sacre）」されたというものがある。聖別された後の王は常人でなくなり、病人を手で触れただけで治せるなどの神通力を備える。聖別後に典礼化されたフランス王の戴冠式が、別に聖別式とか、塗油式とか呼ばれるのは、かかる言い伝えがあるためだ。

　そのありがたい聖油であるが、保管されたのがランスのサン・レミ大修道院だった。そのランスは西フランクの領内にある。西フランク王だけが聖油を使える、つまりは本当の聖別に与《あず》かることができる。「敬虔なるキリスト教徒たる王《ル・ロワ・トレ・クレティアン》」として、クロヴィスの後継者を任じることができるのは、ひとり西フランク王だけだったのである。

　話をユーグ・カペーに戻せば、この新しい王にはカロリング王朝の血統という後光がなかった。それだけに宗教的な後光が輪をかけて重要だった。この文脈でランス司教アダルベロンの支持は決定的ともいえるほどで、ユーグ・カペーは王家の血を受け継いだことでなく、その伝統である聖別を授けられたことによって、正統の王たることを主張できたのである。ロベール家からは前にも二人の王が出ているが、実のところ、いずれもサンリス司教の執式で戴冠し、聖別もされていなかった。

　繰り返すが、ユーグ・カペーは九八七年七月三日、ノワイヨンで国王戴冠式を挙げ、ランス大司教の手で聖別された。直系だけで三百年余、傍系のヴァロワ朝、ブルボン朝まで含めると、八百年もの長きにわたってフランスに君臨した、これがカペー王朝の成立である。

無政府状態

ユーグ・カペーの即位に至るロベール家の歴史は、上昇気流に乗じた一族の栄光の物語、一種のサクセス・ストーリーとして読めるだろう。ノルマン人の撃退に功績あって台頭し、国政を左右する有力家門に成長したあげくに、満を持して晴れの王位を獲得した。かかるプロセスをなぞるにつけても、思い出されるのは、ここで断絶を余儀なくされたカロリング朝の歴史である。

またカロリング家も、そもそもがメロヴィング朝下の有力家門であり、宮宰として国政を掌握する立場にあった。わけても宮宰カール・マルテルの時代に、侵攻してきたイスラム教徒を撃退するという大きな功績を挙げた。いよいよ国政に不動の地歩を占めるにいたり、七五一年、その息子ピピン三世の時代に王冠を獲得したのである。

事実上の王が名目上でも頂点に登り詰める。そうした図式だけを取り上げれば、ロベール家の場合でも類似のパターンが繰り返されたことになる。が、単なる繰り返しで片づけることもできない。

単純明快なサクセス・ストーリーは、あくまで全体の流れで捉えた場合の話だ。当のユーグ・カペーに焦点を絞れば、国王に即位するという行動は、父である大ユーグが定めた既定路線の変更に他ならなかった。

実際のところ、国王であることに、それほど大きな魅力があるわけではなかった。傑物の大ユーグが陰の実力者に徹したほうが利口だとして譲らず、軽薄な名誉欲など押し黙らせて、自らの国王即位を頑《かたくな》に固辞したのも、そのためである。再び比較を試みるなら、カロリング朝が成立したときとは、王国の事情が違っていたのである。

カロリング朝がメロヴィング朝から引き継いだのは確固たる国家だった。アウストラシア、ネウストリア、ブルグントという、三王国を通じての唯一の宮宰として、自らが国をひとつにまとめてきた経緯もあった。いや、なお水面下では三王国の慣行が根強いにせよ、まだしも三王国なのである。

対するにカペー朝がカロリング朝から引き継いだのは、群雄割拠する諸勢力に分断されて、ばらばらに崩壊しかけている、あえて国家という言葉を使うなら、無政府状態の国家だった。簒奪王朝の悲しさか、カロリング朝は始祖ピピン三世、その後を継いだ英雄シャルルマーニュと傑物が続いたことで、なんとか王朝として続きながら、それも凡庸《ぼんよう》な末裔たちの時代に下がるや、たちまち求心力を失ってしまったのだ。

伯の独立

それはポスト・シャルルマーニュの国政混乱だった。ルイ敬虔帝が没した後の帝国分割などにも、広大な帝国を一手に支配することはできない、細切れにして、それぞれの息子たちに分割して与えることでしか支配を全うできないと、そうした判断がないではなかった。先刻来みてきたように、九世紀半ば頃からノルマン人、イスラム教徒、はたまたマジャール人というような外敵が、帝国の方々に頻々《ひんぴん》と襲来するようになっていたからだ。

これに王家がいちいち対応するには、シャルルマーニュの帝国はあまりにも広すぎた。帝国の官僚や、皇帝の軍隊が、いちいち出張し、あるいは出馬するのでは、とてもじゃないが間に合わない。外敵が攻めてきたなら、攻められた地域が自前で防衛を模索するしかない。ために地域の有力者が城砦《じょうさい》を築き、民人を保護下に置き、見返りとして年貢を取れば、あたかも一国一城の主という体になる。フランク帝国ではカロリング家という中央をないがしろに、それぞれ地方が自立傾向を強め、一種の国家内国家を作るようになっていたのである。

いうところの「伯の独立」という現象だった。「伯」とはラテン語の comes を訳したものだが、もともとは古代ローマ帝国の官僚で、地方の知事とか、長官とか、それくらいの意味だった。ローマ帝国を継承したという名分があるために、フランク帝国も同じ職制を流用し、やはり地方長官としての伯に各々の管区を治めさせた。伯は英語で count というが、それから派生した言葉 county が、今でも「郡」とか、「県」とかに訳される通りである。

さておき、伯も最初は地方に派遣された高級官僚にすぎなかった。これが役職を世襲しながら任地に土着して、カロリング王家の求心力後退に乗じると、いよいよ自立的な勢力に成長していく。役立たずの王家などに、どうして届けなければならないのかと、地域の年貢を私物化し、同じく伺いを立てるだけ無駄だとばかりに、地域の問題を勝手に裁き、いうところの「公権力」を手中にして、それぞれに小さな独立国をなしたのである。

時代は大きく隔たりながら、日本史のなかでも室町幕府の守護などには、類例をみることができようか。やはり本来は地方官僚にすぎなかったものが、応仁の乱に続く幕府権力の衰退に乗じて、徐々に自立的な守護大名に転じていった。しまいには実力本位の戦国大名として、自らの野望のままに勢力を拡大するようになる。かかるプロセスに九世紀から十世紀におけるフランク帝国の状況も、大分似ているのである。

幕府があり、また将軍もいながら、室町時代の末期が弱肉強食の「戦国時代」であったように、王国があり、また王もいながら、ポスト・シャルルマーニュのフランク帝国も、その実は伯たちが実力ひとつで群雄割拠していた。西フランク王国でいえば、アンジュー伯、ブロワ伯、フランドル伯、トゥールーズ伯らと並び立ちながら、いま我々が注目しているロベール家なども、そうした伯勢力の典型ということができる。というより、パリ伯であり、ネウストリア侯であり、「フランク人たちの公」の称号まで獲得しながら、ロベール家こそ数多《あまた》伯たちのなかで最大最強の勢力だったのである。

が、あくまでも横並びで、背比べをしてみた場合の話だ。自らが王位に登れば、今度は追われる立場だ。してみると、王という抜きん出た地位にあって、他の全てを睥睨《へいげい》できるほどの実力はなかったのだ。

それは封建王政の始まりでもあった。封建制といえば、日本史にも現れる御恩と奉公の理屈だ。主君は臣下に土地を与える、かわりに臣下は主君に仕えるといえば、あたかも秩序正しい世の中のように聞こえるが、少なくともヨーロッパの場合は違う。ほうっておけば、ばらばらの小国に分かれていってしまうものを、一方を封主とし、他方を封臣として、相互に主従関係を取り結ぶことで、なんとか繋ぎ止めておこうというのが、封建制の素顔なのである。

かえって主のほうが立場が弱い。いざ鎌倉というような美談はありえない。大ユーグが王位を望まなかったのも、そこだった。日本史でも織田信長が将軍足利義昭を擁したように、空文化した権威を担いで、自らの野望のために利用するというのが、最も利口な方法だったのだ。

そもそも封建制が採用されたというのも、この一点にあった。実力本位で盤踞《ばんきょ》できるなら、誰を主君と仰ぐ必要もないようなものだが、そう強気一点張りで行けるとは限らない。さらに実力ある誰かに攻められるかもしれないと弱気になれば、その土地を自分が支配できる大義名分を、どこかから引き出してこなければならない。

かかる正統性の源こそが王だった。つまりは天下のフランス王の臣下で、この土地を任されているものだと、自らを権威づけたいわけである。かたわら、つきつめたところの王に権威を与えるのが、血筋でなければ神の後光である。戴冠式に聖職者が幅を利かせるのは、そのためである。こちらの御歴々にも王は気を遣わなければならない。

いえばいうほど、王など損なばかりである。この厄介から逃げ続けた大ユーグの息子として、ユーグ・カペーも始めから王位に野心を抱いていたわけではなかった。それはルイ五世の予期せぬ急死というハプニングに乗じた、いわば棚から牡丹餅《ぼたもち》式の登位だったのである。が、周囲に流されるまま、ならばと牡丹餅を拾ってしまうあたりに、すでにして凡庸な一面を読み取らざるをえない。

冴えない始祖

ユーグ・カペーという名前は、これが実は綽名《あだな》である。後世の革命時代に断頭台の露と消えたフランス王、ルイ十六世は王位から引きずりおろされるや、民衆に「ルイ・カペー」という名前で蔑《さげす》まれている。「カペー」が姓として使われているわけだが、そもそもの「カペー」は「合羽《かっぱ》」の意にすぎなかった。日本語の「合羽」の語源であるポルトガル語と、同根の語というわけだ。ユーグ・カペーがキリスト教の聖職者がまとうような長衣を愛用していたので、そう呼ばれるようになったのだ。

　要するに「合羽のユーグ」で、この一事をとっても、冴えない人物であるかの印象は否めない。ある程度は無理もないと思えるのは、大ユーグの死没を受けて、九五六年に自らが家長の座を占めたとき、ユーグ・カペーは十七歳、別説には十五歳の少年にすぎなかったからである。

ユーグ・カペー（左）
『フランス大年代記』のミニアチュール
パリ：国立図書館

　ケルン大司教ブリュノンの後見が得られたとはいえ、求心力の低下は避けられない。相続したネウストリア侯領では、ブロワ伯チボーはじめ背信の挙に出た者も少なくなかった。わけても東部に離反者が多く、セーヌ・ロワール間を占めていた広大な勢力圏もかろうじてパリ近郊からオルレアンまで回廊のように連続する、十ほどの伯領にまで減じてしまった。宮廷を置けた都市も、サンリ

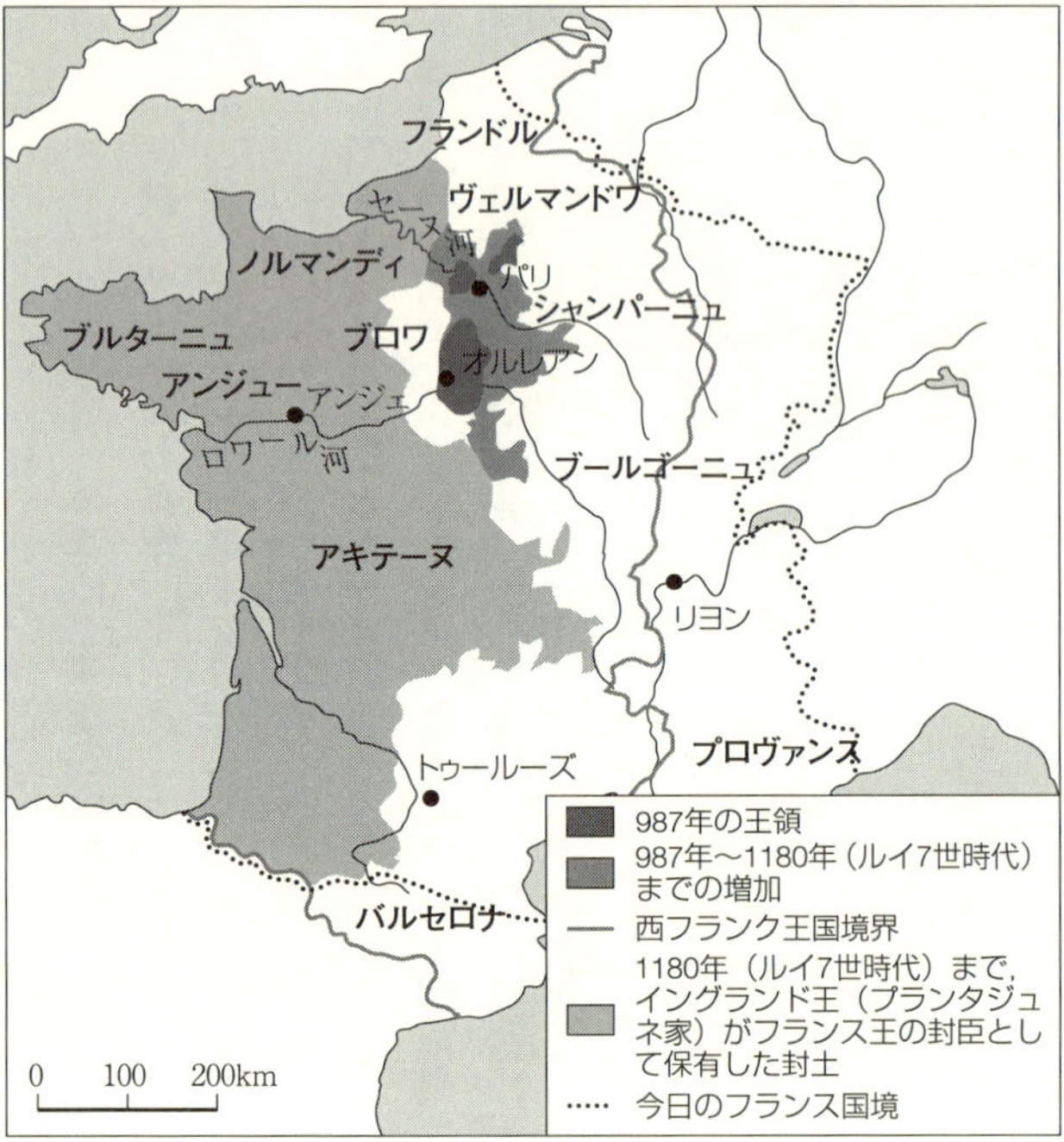

ユーグ・カペー即位時（987年）の王領

ス、エタンプ、ムーラン、コルベイユ、ドルーと数えられるのみである。地図で確かめていただくと、今日のフランスより遥かに小さかった西フランク王国の版図において、フランス王ともあろう者が占めた土地の小ささがわかる。ロベール家が一気に没落したわけではないながら、ユーグ・カペーは大ユーグが築いた栄華を、そのままの規模では維持できなかったのである。

落ちたりといえども、なお王国屈指の有力家門だった。ユーグ・カペーはネウストリア侯として、あるいは「フランク人たちの公」として、さらにはルイ五世の摂政として、一定の政治力を振るうことはできている。

例えば、婿入りしていた弟オットーにブールゴーニュ公家の家督を継がせたときなど、これに反対する西フランク王ロテールを相手に九五六年から九六〇年まで、四年にわたる闘争を演じている。また外敵に対しても一歩も引かず、九七八年にドイツ王オットー二世が西フランク王国に侵攻してきたとき、これをパリの前面で食い止めたこともある。

相応の人物だったと、そう評価して間違いない。が、相応の人物に留まるともいわなければならない。

大ユーグの声望に匹敵するほど、ロベール家の威勢を高めたわけではないからだ。失地を回復して、少年時代の屈辱に報いたわけでもない。失礼な言い方になるが、この程度の人物が目の前の幸運に踊らされて、西フランクの王位に手を出してしまったのだ。それも平均寿命が短い中世にあって、少なくとも四十五歳を数えてからの話なのだ。

これから王として、全体なにができるというのか。それぞれ勝手に群雄割拠している体《てい》の、名だたる公や伯を抑えられるはずがない。カロリング家にさえ従わなかった諸侯が、唯々諾々《いいだくだく》と臣下の地位に甘んじるはずがない。というより、華やかな逸話を残している時代の主役は、かえって有力諸侯たちのほうなのである。

例えばアンジュー伯フルク、人呼んで「黒フルク」と、先代チボーの実績を受け継いだブロワ伯ウードが演じた数度にわたる激闘などは、日本の戦国時代にいう上杉謙信と武田信玄のライヴァル対決のようなもので、名勝負として今に語り継がれる歴史である。

これを横目にフランス王ユーグ・カペーは顔色《がんしょく》ない。というより、肩身が狭い。南東のブールゴーニュ公は同族だったが、北西にノルマンディ公、北東にフランドル伯、南西にアンジュー伯とブロワ伯、東にヴェルマンドワ伯と、事実上の独立勢力に取り囲まれて、その機嫌伺いに専《もっぱ》ら意を砕く日々である。さらに南に盤踞するアキテーヌ公、トゥールーズ伯、バルセロナ伯には、王としての地位そのものが無視される始末だ。膝元の勢力圏にさえ、反抗的な領主貴族を抱えているのだから、全土に君臨する支配者として、王国に平和と秩序をもたらすことなど、まさしく夢のまた夢だったのだ。

名ばかりの王と退けられるくらいに、ユーグ・カペーは脆弱《ぜいじゃく》な君主だった。もう先行きを悲観するしかないようだが、そこが人間の世の面白さか、逆に弱さが幸いするということもある。

ひとつには有力諸侯の看過があった。頭から押さえつけられる恐れがあれば、そうした高圧的な王には徹底的に手向かうだろう。新しい王の実力というものが、自らと張り合える好敵手のレベルであっても、ぴりぴりしないではいられない。が、敵でもない相手ならどうか。目くじら立てるまでもないというわけで、こうした文脈でいうならば凡庸なユーグ・カペーの登位は、傑物で知られた大ユーグのそれより遥かに容易だったことになる。

もうひとつには本人の意識の持ち方がある。己の無力はユーグ・カペーが、誰より承知していたはずだ。頭に王冠を載せたからには、万能の支配者になれるはずだなどと、そうした無邪気な勘違いとも無縁である。なんらかの夢想が許されるとするならば、希望の言葉は「いつか」でしかありえない。今は名ばかりの王にすぎない。が、いつかは万民の王として、この国に君臨してやると。

そのために取るべき手段は、細くとも長くと、先に希望をつなげることだった。ユーグ・カペーが王として最初に手がけた事業は、というより王として手がけた、ほとんど唯一の事業は、息子のロベールに王位を継がせることだった。

とはいえ、実力の論理で王位に就いたものが、血統の論理を主張するわけにはいかない。苦肉の策が、生前に共同統治者とすることで、死後にも滞《とどこお》りなく王位が継承されるように計らう方法だった。事実上の世襲だが、いや、たまたま親子であるものの、息子が王位に就いたのは実力あったからなのだと、そんな風に苦しい理屈を唱えたのである。

イスラム教徒と戦うための援軍をバルセロナ辺境に送り出すが、これを老いた自分は率いることができない、かわりに息子に率いさせるから王に選出してほしいと頼んで、ユーグ・カペーが息子のロベールのために、オルレアンのサント・クロワ大聖堂で強引な戴冠を実現したのは、九八七年十二月二十五日、キリスト生誕祭のことだった。

自らの即位から半年しかおかない、まさに速攻である。ここに単なる幸運と偶然の産物でない、意図された事業としての王朝が開始される。その実は無政府状態で、ばらばらに崩壊しかけている西フランク王国を、新時代のフランス王国として力強く再生させる偉業の幕開けでもある。

が、あくまでも「いつか」の話だ。まだ道程は遠く険しい。

2　名ばかりの王たち

ロベール二世（九九六年～一〇三一年）

九九六年十月、その二十二日から二十五日までのいつかと、そこまでしか推定できていない日付で、フランス王ユーグ・カペーは崩御した。少なくとも五十四歳に達して、当時としては天寿を全うしたといえる。予定通り王位を受け継いだのが、王妃アデライドとの間に一人だけ恵まれた息子ロベールこと、フランス王ロベール二世だった。

九七〇年頃にオルレアンで生まれた貴公子は、少年時代を大司教座都市ランスで過ごした。当代一流の神学者ジェルベールが居を構えていたほど、大聖堂付属学校が活況を呈していた時代であり、ロベールも学僧たちに囲まれながら勉学に勤《いそ》しんだ。当時の俗人君主としては、図抜けた教養と宗教心の持ち主となり、「ロベール敬虔王（Robert le Pieux）」と歴史に名前を残すのも、そうした裏づけあっての話である。

前述の通り、ロベールは十七歳でユーグ・カペーの共同統治者となった。ならばと父親も考えたらしく、翌九八八年三月には息子の結婚も決めている。相手はイタリア王の王女で、フランドル伯アルヌールの未亡人、すでに子もあるロザラという女だった。

虎の子の総領息子に迎える嫁には似つかわしくないと、不自然なものを覚えるとすれば、それは現代人の感覚である。いうまでもなく政略結婚の時代であり、諸々の条件を加味すれば、往々未亡人のほうが魅力的だったのである。ロザラの場合も、子持ちというところが逆に美点だった。すなわち、フランドル伯となる子供の継父となれば、この有力な伯家に少なからず影響力を行使することができる。

学問を修め、身を固め、これで準備万端とばかりに、ロベール敬虔王は九九六年から単独統治に乗り出した。二十六歳で迎えた事実上の国王即位は、遅すぎず早すぎず、これまた理想的な人生のステップ・アップだった。

実際のところ、ロベールは同時代人の受けもよい。例えばフルリ修道院の修道士エルゴーは『ロベール敬虔王の生涯』のなかで、「学者にして信心家、聖職者には友であり、貧者には鷹揚《おうよう》、かつ国家の利益を常に気にかけ、優れた兵士でもある」という言葉で絶賛している。まさにエリート、まさに期待の貴公子だったのである。さて、どんな活躍をみせてくれるものかと胸躍らせてみれば、これが晴れの王座に就いて早々に躓《つまず》いてしまうのだからわからない。育ちがよく、教養あり、信仰ありの男にありがちな話で、問題は他でもない、女だった。

相手はブルグント王コンラッドの王女ベルトだった。今度は純粋な恋愛だったが、今度も子持ちの未亡人で、それも仇敵ともいうべきブロワ伯ウードの奥方だった。障害があるほどに燃え上がるという、常軌を逸した心理のままに、敬虔王はベルトを正式な妻に娶《めと》ることまでを望んだ。冷静な政治家として反対していた父ユーグ・カペーが隠れるや、もう自分の気持ちを止められなくなり、九九六年のうちにロザラを離縁し、ベルトと結婚するところまで突き進んでいる。ところが、である。

二人は教会の数え方で三親等の従兄弟と従姉妹に相当していた。しかもベルトがブロワ伯との間に儲《もう》けた子供が洗礼を授けられるとき、ロベールはその洗礼親を務めていた。近親結婚も、肉体的な親子関係と霊的な親子関係が混乱する結婚も、カトリック教会がカノン法で禁じていたものである。

敬虔王ともあろう男が、なにもみえなくなっていた。当然ながら、大きな醜聞を呼んだ。身辺の司教たちは抱き込めても、ローマ教皇までは思い通りにならない。しかも当時は堅物で知られた教皇グレゴリウス五世の治世であり、実際にフランス王の不正な結婚など認めようとはしなかった。ロベールは九九七年、破門まで宣告された。これに恭順する態度を示したので、九九八年にローマで持たれた公会議で、なんとか七年間の悔悛の業で許されることになったが、いずれにせよ情熱に任せた無計画な結婚は高くつくということだ。

ランス時代の恩師ジェルベールが、晴れてローマ教皇に即位することになったため、さらに懲罰は五年間で免除された。この幸運にもかかわらず、敬虔王の私生活のほうは、またしても迷走したのだ。あるいはフランス王としての立場に、それが脆弱であるほどに王朝として連続させなければならないという使命感に、ようやく目を開いたのだというべきか。数年の結婚生活を経ても、ベルトは子供を生まなかった。このままでは世継ぎがない。せっかくの王朝が断絶してしまう。悩んだ末にロベールは、再びベルトを離縁してしまうのである。

身から出た錆

新しく迎えた王妃がアルル伯の令嬢で、今度こそ初婚のコンスタンス姫だった。南フランスのアルル伯家は、北フランスのアンジュー伯家の姻戚でもあり、有力家門と誼《よしみ》を通じるという意味でも正攻法の結婚である。ユーグ、アンリ、ロベール、ウード、アデールと、四男一女の子宝にも恵まれて、ようやく落ち着けるかと思いきや、つくづくロベール敬虔王という男は女運が悪かった。

コンスタンスという王妃は気性の激しい野心家だった。家のなかでは我儘《わがまま》放題を止めないわ、あげくが夫の政治にも口を出してくるわで、フランス王家は以前に増して大荒れになった。全ては身から出た錆《さび》とはいえ、とうとう我慢ならなくなったらしく、四十歳のロベールは一〇一〇年に再びローマ教皇を訪ねている。コンスタンスとの離縁、ベルトとの復縁を訴えたようだが、さすがに呆れられたのか、いずれの望みも成就していない。

こんな風に私生活が揺らいでは、どんな男も仕事になるわけがない。ずいぶんと期待されたロベールだったが、王家の権勢を高めたわけでも、諸侯の脅威を削《そ》いだわけでもなく、せめてもの現状維持に腐心しながら、無念の治世を終えることになった。

功績といえば、叔父アンリが治めていたブールゴーニュ公領を、一〇〇二年の死後に確保したくらいのものである。となれば、あとは未来に希望を託すという、先代と同じ意志を貫くのみだ。

ロベール敬虔王も王位継承を確かなものにするため、自分の存命中に共同統治者として息子を戴冠させている。一〇一七年にコンピエーニュで挙行された、長男ユーグの戴冠がそれだが、この王子が一〇二五年にまだ十八歳の身で死んでしまう。そうなれば、悲しみに沈んでいる間もなく、次男アンリを戴冠させなければならないわけだが、ここで顔を出してくるのが例の我儘妻である。コンスタンス王妃は自分が生んだ子供は子供でありながら、二番目の息子は嫌いだ、三番目のロベールを後継者にしてほしいと、またしても夫に要求したのである。

女難の敬虔王は最後の最後の仕事まで危うくされた。が、そこは男としての意地だったか。王朝を連続させる使命だけは譲れないと、ロベール二世は一〇二七年の聖霊降臨祭に、今度はランスで次男アンリの戴冠式を強行した。一〇三〇年には母親に唆《そそのか》された下の息子二人に反乱を起こされて、ボージャンシー城に籠城まで余儀なくされながら、それでも王位継承は変えなかった。意地というなら、それを貫き通すことで、かろうじて安らかな死を迎えられたのは、一〇三一年七月二十日のことだった。

アンリ一世（一〇三一年～一〇六〇年）

アンリは王家がブールゴーニュ公領を死守した暁に、それを治めるべく予定されていた王子だった。敬虔王は、上の世代のフランス王、兄ユーグ・カペーと、ブールゴーニュ公、弟アンリという命名に準じて、フランス王になるべき兄息子をユーグと、ブールゴーニュ公になるべき弟息子をアンリと名付けたのである。それがユーグの予期せぬ早世で狂わされた。フランス王の御鉢が回ったアンリは、なんら自分の落ち度でないにもかかわらず、予定調和の乱れに辻褄《つじつま》を合わせることから、単独統治を始めなければならなかった。

一〇三二年、聖霊降臨祭に日を選んで、新王アンリはオルレアンに諸侯会議を召集した。これをブロワ伯は無視したが、他の主だった面々は参集に応じた。大掛かりな会議を催してまで、王国の有力者たちに認めさせたかったのは、すぐ下の弟ロベールによるブールゴーニュ公位の継承だった。自分がフランス王に昇格したなら、弟もブールゴーニュ公に昇格する。ごくごく自然な「玉突き人事」なわけだが、なんとも人のよい話だといわないではいられない。あるいはロベール本人は嫌な弟でなかったかもしれないが、これを溺愛する母親というのが母親だったからである。

我儘王妃コンスタンスはあきらめてはいなかった。同年八月、ブロワ伯ウードはじめ、独立系の諸侯と謀《はか》り、さらに本来はアンリに忠誠を尽くすべき、王領内の城主貴族にまで働きかけながら、ロベールに反乱を起こさせたのである。その軍勢に押されて、アンリはノルマンディ公ロベールが滞在するフェカンに逃げた。要衝ヴェクサンを割譲する見返りに援軍を引き出して、オルレアンを取り返し、ポワシィに母王妃コンスタンスを幽閉し、なんとか捲土重来《けんどちょうらい》を果たしたが、まさに散々な幕開けだった。

一〇三四年六月、トラブル・メーカーの母親が亡くなった。これで脅威はなくなったと、アンリは弟ロベールに改めてブールゴーニュ公位を継がせるのだが、こういう穏便な落着を図るあたり、支配者としては甘いというか、気楽な次男の育ちが抜けないというか、人格的にも侮《あなど》られる理由はあったのかもしれない。

そのあたり自分でも自覚があったか、直後からアンリは同盟の構築に奔走している。頼んだ相手が、ドイツの皇帝コンラッド二世であり、一〇三三年七月の会見では皇女との婚約も内定したのだが、それも翌年には亡くなってしまい、なにをやってもうまくいかない。独立系の諸侯を抑えるどころか、ブロワ伯家にはシャンパーニュ地方まで取られてしまい、王領を東西から包囲される形になった。

アンジュー伯家、ノルマンディ公家、フランドル伯家等々も着々と勢力を拡大し、フランス王家の追随など許さない。唯一ノルマンディ公家だけは、「庶子公」と呼ばれ問題視されたギョームの家督相続（一〇三五年）に、五〇年代まで揺れているが、何度となくつけこんで、漁夫の利を得ようとしても、そのたびフランス王アンリは一蹴されてしまうだけなのである。

となれば、最低限の仕事に意を砕くしかない。ドイツの皇帝との縁組に失敗して、以来アンリ一世の結婚は遅れに遅れた。冴えない治世を重ねるばかりで、いよいよ焦り始めながら、それでも格は落としたくないとして、一〇五一年、ようやく探しあてたのがキエフ大公家、つまりは現代のウクライナを支配していた一門の姫君アンヌだった。ロシア圏は一体にビザンツ帝国（東ローマ帝国）、つまりはギリシャから権威を引いてくることが多いが、このキエフ大公家も東方の皇帝の血筋という触れこみだったのだ。

励むことにも励んで、きちんと世継ぎも儲けている。一〇五二年に生まれて、まだ七歳でしかないにもかかわらず、五九年五月にランスで自らの共同統治者として戴冠させたフィリップこと、後のフランス王フィリップ一世である。父王の存命中に息子を次代の王に選ばせる、選挙の形は残しながらも事実上の世襲を図る、かかる手続きが今度も繰り返された。話を先取りすれば、しばらくの間は、これがカペー朝の伝統となる。いうところの「指名された王（rex designatus）」の伝統である。

さておき、明日の期待を集めたフィリップ一世は、今日でこそありふれた名前のように聞こえるが、当時の西欧では異国情緒に溢れる響きがあったらしい。どの異国かといえば、やはり東方ビザンツであり、かの有名なアレクサンドロス大王の父君がフィリポス二世といったように、もともとギリシャに多い名前だった。

俺の息子には貴種の血が流れているんだぞと、暗に仄《ほのめ》かさなければ済まないところに、かえってアンリ一世が置かれた窮状が垣間みえる。フランス王の玉座に座れるという、思いがけない幸運に戸惑うまま、ただ時代に流されたような凡庸な王が隠れたのは、ほどない一〇六〇年八月四日のことだった。

フィリップ一世（一〇六〇年〜一一〇八年）

フィリップ一世は未成年で治世を起こした、カペー朝で初めての王である。八歳にもならないうちに、フランス王の玉座に登ることになったが、それもフランドル伯ボードワン五世という人物が、摂政を務めてくれることになった。

フランドル伯家は独立系の諸侯家門である。それだけに摂政ボードワンも、無理をしてまで王家のために働こうとはしなかった。この有力者はノルマンディ公ギョームにも、娘のマチルダを嫁がせていた。この義理の息子が一〇六六年に海を渡り、イングランド王国を征服、そのままイングランドの王冠を戴いてしまう。いわゆる「ノルマン人の征服（Nor-man Conquest）」であり、イギリス史上にいう「ノルマン朝の成立」である。

フランス史に視点を戻せば、これにより巨大化したノルマンディ公家は、以前に増してフランス王家の脅威にならざるをえなかった。イングランド征服の企てに反対できる人物がいたとすれば、フランドル伯ボードワンの名前が挙がるわけだが、王家の摂政の立場にいながら、それを黙認したことは悔やまれる。とはいえ、信義にもとる不利益を働いたわけでもない。

政権にはランス大司教ジェルヴェ、前王妃アンヌ・ドゥ・キエフの再婚相手ラウル・ドゥ・クレピらの参画もあり、まずは無難な施政が続いた。一〇六七年、十五歳で騎士叙任を受けると、それを成人の資格として、いよいよフィリップ一世は親政を開始する。いざ自ら政治を執《と》ると、闇雲《やみくも》に戦争を仕掛けるより、むしろ政略に重きを置き、しかも機を見るに敏という行動力を兼ね備えた、なかなか有能な王だった。

それが証拠に、減る一方だった領地が、少しずつ増えていく。例えば一〇六八年にはアンジュー伯家の家督争いに乗じて、ガティネとシャトー・ランドンの占領に成功している。これにより、二つながら王家の拠点都市となっていた、パリ・オルレアン間の連絡が安全になった。七二年には同様の家督争いに喘《あえ》いでいたフランドル伯家から、まんまとコルビーを奪い取り、七七年にはノルマンディ公家の分家から、亡き父が割譲を余儀なくされたヴェクサンを取り戻し、さらに七九年にはジソールを捥《も》ぎ取りと、勢力圏を確実に広げていったのである。一一〇一年にはブールジュ市の買収にかかり、カペー朝の王としては初めて、ロワール河を越えた南フランスに地歩を構えてもいる。

かかる成功は内政改革の賜物でもあった。諸侯対策こそは、かねてからの最優先課題であったとはいえ、そのためには足元を固めることが必要だと、それがフィリップの新しさだった。その柱が王家の五大官職の制定である。すなわち、主膳長、司酒長、主馬長、官房長、尚書長の五大官職で、全て王家の家政に携わる雇い人ということだが、実際に城で働かせようというのではない。それどころか五大官僚は、ときに将軍として戦場に派遣され、ときに代官として占領地に赴《おもむ》かされ、あるいは大使として外交交渉を任されながら、高度に政治的な役割を期待されるものだった。が、それならば、わざわざ家政官職を設ける必要がないという理屈もある。

諸侯の群雄割拠を呈する王国が無政府状態であるのみならず、勢力圏内でも城主貴族は自主存立の気風を強くして、必ずしも王家に従順というわけではなかった。名目を設けることで、これら中小家門を王家に固く結びつけ、もって結束固い家臣団を形成しようというのが、フランス王フィリップ一世の意図だったのである。

かくてガーランド家、ル・ブテイエ・ドゥ・サンリス家、ダマルタン家、モンレリー家、モンモランシー家、モンフォール家、ボーモン家、ロシュフォール家などが、フランス王家の譜代として名を連ねることになった。文字を操る素養が欠かせないということで、尚書長だけは聖職者が登用されたが、他の四官職はこれら譜代により世襲され、あるいは盥回しにされることになる。フィリップはさらにプレヴォ（prévôt 領地代官）の制度を創設して、新しい占領地を含めた各所に派遣したが、かかる要職も譜代の家臣団なくしては、担い手がないというわけである。

若くして王位に就いたフィリップだけに、その治世が長くなることも期待できた。内政よし、外政よし、この調子で行けば王家の威勢も飛躍的に高まるはずだった。が、やはりというか、いまだ二十代にして若者は躓《つまず》いた。あるいは隔世遺伝というべきか、名君の運命を狂わせたのは、祖父王ロベールと同じ轍《てつ》を踏んだ女性問題だった。

淫婦

ここで家庭生活に目をやれば、フィリップ一世は一〇七一年、十九歳のときにベルト・ドゥ・ホランドという女性と結婚している。かつての摂政ボードワン五世が亡くなり、次のボードワン六世まで早世したため、フランドル伯家では家督争いが起きた。フィリップは一方のアルヌールを後援したが、その実力行使はモン・カセルの戦いで撃破され、他方の「巻き毛のロベール」の地位を認めざるをえなくなった。その和解の印として決められたのが、新フランドル伯ロベールの義理の娘ベルトとの結婚だったのである。

まずは妥当な政略結婚だった。私生活としては不幸だったかといえば、王妃ベルトは長男ルイ、長女コンスタンスと、きちんと二人の子供をもたらしている。が、どこか心は満たされなかったのか、とうに分別もできていよう四十歳にして、フィリップは狂う。

歴史に「淫婦（voluptueuse）」と名前を残す、ベルトラード・ドゥ・モンフォールとの出会いは一〇九二年五月、ロワール河畔トゥールでのことだった。譜代の家臣モンフォール家の娘であるとはいえ、すでに嫁いだ妙齢の人妻であり、しかも夫というのが独立系の諸侯アンジュー伯フルクだった。

どう考えても、愚かしい恋愛である。敵方の女というだけでなく、互いに妻がいて夫がいる不倫なのだ。少年時代から政務に邁進《まいしん》してきた優等生は、器用な火遊びで終わらせることができず、すぐさま結婚にまで進んでしまうというのだから、いよいよ重婚罪である。もちろん、フィリップのほうは有無をいわさず王妃ベルトを離縁して、モントルイユ・シュール・メールの修道院に隠居させた。ベルトラードのほうもアンジュー伯家を出《しゅっ》奔《ぽん》したが、情熱的だからと二人の関係が認められるほど、世の中は甘くなかった。

シャルトル司教イヴこと、カノン法の権威として有名な高僧は、次の手紙を王のもとに届けている。

「拙僧、あなたさまに招待された結婚式には、出席したいとも、出席できるとも思いません。全体公会議で、あなたさまと、あなたさまの奥方との離縁が正式に宣言され、また結ばれたいと思う相手と、正式な結婚まで契ってしまうという事態を、どうでも認めることができないからです。かく申し上げたからといって、拙僧が期待されるべき忠義を欠くとは思いません。それどころか、これぞ忠義の証《あかし》と自負いたします。というのも、かかる結びつきは、あなたさまの魂の平穏に妨げとなり、またあなたさまの王国にも大なる危険をもたらすものと考えざるをえないからです」

モラルの確立をめざす教会当局が、問題視しないわけがなかった。しかも一〇九四年には、離縁された前の王妃ベルトが追放された先で死去したのだ。この悲劇に心を痛めるどころか、晴れて独身だから、もう文句がないだろうと、フィリップは不法と責められたベルトラードとの結婚を今こそ合法と認めてほしいと、ランスで公会議を開かせた。が、ランス大司教のような王の側近は別として、大方の聖職者は反感を払拭できていなかった。教皇特使ユーグ・ドゥ・ディーが別に開いたオータン公会議において、フランス王フィリップ一世は逆に破門に処されてしまう。翌九五年にはローマ教皇ウルバヌス二世も破門を繰り返し、いよいよ王国の危機である。

フィリップは破門の解除に奔走する。何度もローマ教皇庁に働きかけたあげく、一〇九八年に悔悛の業とひきかえに、ようやく許されることになったのだが、それでベルトラードを手放すわけではなかった。ばれて、再び破門に処され、一一〇四年十二月二日に、ようやくキリスト教国の君主として復活した。許されたというのは、おりしもイタリアの教皇とドイツの皇帝が、ヨーロッパの覇権を巡って、闘争を激化させていたからである。当時のローマ教皇パスカリス二世は他の世俗君主、わけてもフランス王の支持を必要としていたのだ。

なおベルトラードと別れたわけではなかった。その女は死ぬまで王の傍にいて、フィリップ、フロルスという二人の息子と、セシールという娘まで産んでいる。幸せといえば、フィリップ一世は幸せだったのかもしれないが、支配者としてはどうか。

その女と出会うまでは順風満帆《まんぱん》だった治世の勢いも、途中から失速した感は否めない。大した功績がみられないだけでなく、真実ベルトラードの女の魅力に呆《ほう》けたか、あるいは醜聞に塗《まみ》れた再婚とカトリック教会の懲罰に疲れ果てたか、それからフィリップは半隠居というか、事実上の引退生活だったのである。

となれば、考えることは、ひとつだ。王位継承だけは確保しなければならない、王朝だけは絶やしてはならないと、カペー朝はこうなのである。

始祖のユーグ・カペーを含めて、最初の四代の功績を挙げるなら、これに尽きる。それぞれ存命中に息子の戴冠式を果たしているのみならず、中世という過酷な時代にあって、皆が大過なく長生きしている。取柄《とりえ》にもならないようだが、そのことで治世が長くなり、なるにつれて王家は安定した。政争が起こり、王朝が断絶しかねない危機というのは、往々にして王が病気や事故で突発的に亡くなったときに起こるのだ。ロベール二世で三十五年の在位、アンリ一世で二十九年の在位、フィリップ一世にいたっては、実に四十八年の在位を数えているのであり、これから由緒を作ろうという新興王家の創成期としては、なによりの功績というべきかもしれない。

フィリップ一世も王朝の継続を夢みながら、つつがない王位継承のために尽力した。尽力しなければならないだけの責任もあったわけだが、その詳しい経過は次なるフランス王となるフィリップの息子、ルイ六世の項で述べていきたい。

3　肥満王ルイ六世（一一〇八年〜一一三七年）

不遇の王子

ルイ六世は一〇七七年に生まれた。こちらは曖昧《あいまい》なところなく、フランス王フィリップ一世と王妃ベルト・ドゥ・ホランドの間に生まれた唯一の男子であり、その資格で文句なしの王位継承権者だった。

幼年期を過ごしたのがパリ北方サン・ドニ大修道院で、読み書きというような基礎の教養を身につけるためだったと思われる。次男や三男なら、そのまま僧院に入り放しで、聖職を目指すということもあるが、ルイは未来のフランス王であり、そうなるためには立派な騎士たる鍛錬も積まなければならないと、十二歳か十三歳で世俗の生活に戻ることになった。それが、生々しいものだったのだ。

いうまでもなく、父王フィリップの不倫である。一〇九四年には、母ベルト・ドゥ・ホランドが追放先で亡くなるという悲しみにも、じっと耐えなければならなかった。いや、悲惨な末路を余儀なくされる不安は、我が身も例外ではなかった。

父王の宮廷には継母ベルトラード・ドゥ・モンフォールがいた。この女が産んだ異母弟も二人いて、誰が長男なのかわからないほど大切に育てられていた。詳しい経緯は伝わっていないが、ルイはパリなりオルレアンなり、フランス王の宮廷には身を置かず、あるいは置けずに、独りポントワーズに暮らしていたようである。しかも「毛布のかわりに、ただの外套をかけて」眠らなければならなかったとされるほどの、王子とは思われない境涯である。

まさに継母のいじめ、そのものだ。こういう女に魂を抜かれたきり、実の息子に苦労を強いる父親も父親だが、かかるフィリップ一世の情けなさが、他面でルイには幸いしていた。ベルトラードが愛しいあまり、仕事も手につかなくなり、この王が半隠居生活に突入した顚末《てんまつ》は前でも触れた。が、これでは王家は立ち行かない。かわりを務められる人間を求めるなら、息子、それも次代を担う長男こそ理想的なわけであり、かかる事情でルイは早くから政治軍事に活躍の場を与えられることになったのである。

始まりは一〇九二年で、ルイはヴェクサン伯領を与えられた。これは今やイングランドの王冠さえ手に入れた、ノルマンディ公家の領地と境を接する地勢にあり、授封は要衝《ようしょう》の死守を命じられたのと同義だった。実際に九七年の末には、自ら部隊の先頭に立ち、イングランド王ウィリアム二世の侵略を退けている。さらにベリー、オーヴェルニュ、ブールゴーニュと暴れ回り、その流れで九八年五月二十八日に、ルイはアブヴィルで騎士叙任を受けた。が、これが秘密裡《ひみつり》でのことだったのだ。

騎士叙任とは日本の元服のようなものであり、その若者が成人に達したという意味になる。父王との共同統治者としての戴冠にも道が開ける。事実、この一〇九八年五月から一一〇〇年末までの間に、ルイは聖俗諸侯会議で王たる資格を認められたようである。が、全ては公にならないので、はっきりしたことはいえない。なぜ伏せられたかといえば、もし公然と行いなどすれば、継母ベルトラードが激怒したに違いないからである。こちらは自分が産んだなかでの上の息子、フィリップ・ドゥ・マントに王位を継がせたいと、それこそ目の色を変えていたのである。

やはりというか、晴れの地位は隠し通すことができなかった。一一〇〇年から一一〇一年の冬にかけて、ルイはイングランドに滞在している。継母の報復を警戒しての、恐らくは亡命だったと思われるが、現にベルトラードはイングランド王ヘンリー一世に、ルイを捕らえて突き返してほしいと求めたり、はたまた毒を用いた暗殺の手立てを講じたりしている。が、万人に認められた長男を破滅させることはできなかった。誰よりフランス王フイリップ一世が、無我夢中な女の尻に他の全ては敷かれても、王位継承の件だけは決して譲らなかったのだ。

なるほど、譲れるはずがない。ルイはイングランドから帰国すると、いよいよ目ざましい活躍を示すようになる。

肥満王

話は横道に逸《そ》れるが、ルイ六世は歴史に「肥満王（le Gros）」の名前で残っている。端的に太っていたからで、ことに四十代からは馬にも乗れないほどになった。慢性の肝臓病を患い、水腫に苦しみ、最後は不眠症にも悩まされる惨憺《さんたん》たる晩年だったが、それも大変な食欲の持ち主だったかららしい。

ルイ６世

カルナヴァレ美術館

となると、まだ新陳代謝も活発な若者時代の印象は、また別なものになる。ばくばく食べる健啖《けんたん》家は、巨軀の偉丈夫であり、しかも活力に満ち満ちて、勢い非常な行動力を自慢できた。いわばルイ六世は体育会系の肉体派なのであり、実際に側近中の側近シュジェは多少の追従《ついしょう》も含めて、「比類なき競技者にして、傑出した剣士」と形容している。

一種のスポーツ感覚で、なかんずく戦争が大好きだった。立場も忘れて自ら先陣を切り、また燃えさかる城郭にも、荒れ狂う河の流れにも、平気で身を投じてしまう。かかる豪放磊落《らいらく》な王こそは、長く待ち望まれたものだった。話を戻せば、イングランドから帰国するや、ルイが遺憾なく発揮したのは、そうした肉体派の資質だった。

一一〇一年には縁あるサン・ドニ大修道院に損害を与えたとして、ブシャール・ドゥ・モンモランシー、マテュー・ドゥ・ボーモン、ドル・ドゥ・ムシィという三家臣に、懲罰の遠征を敢行した。それぞれ自城を落とされて、三人は以後ルイの忠臣になっている。一一〇二年にはランスならびにランの教会を荒らしたとして、有力領主エブル・ドゥ・ルーシを攻撃し、〇六年にはオルレアン司教の苦情に応えて、横暴が目に余るレオン・ドゥ・マン・シュール・ロワールを屈服させ、まさに八面六臂《はちめんろっぴ》の大活躍なのである。

それも全てカトリック教会の利益を守る戦いであれば、自ずと聖職者の覚えもめでたくなる。父親のフィリップはといえば、不倫のために破門に処されている最中であり、なんとかして教皇庁の赦免を得たいと思うなら、その意味でも肉体派の息子を邪険にするわけにはいかなかったのである。

一一〇三年、フィリップ一世は愛するベルトラードを説得して、長男と和解させた。が、それで納得するような女なら、はじめから揉《も》めていない。

話は少し変わるが、ルイは当時ロシュフォール伯ギイの娘リュシエンヌと婚約していた。ロシュフォール家は王領の領主貴族であり、わけてもギイは主膳長を務めて、王家の譜代ということになっていた。が、それも額面上のことで、必ずしも王家に従順というわけではない。戦略拠点モンレリー城に盤踞しながら、王領の中軸パリ・オルレアン街道を押さえることで、逆に王家に脅しをかける風さえあった。粗略に扱えない有力者を懐柔しようというのが、ルイの縁談の狙いだったわけだ。

が、ここで思わぬ事態が生じる。同じロシュフォール家の娘でも、モンレリーの女相続人に指定されていたエリザベートのほうが、ルイの異母弟フィリップと結婚したのだ。継母ベルトラードの秘蔵っ子は、いうまでもなく王位を狙う対抗馬である。それが今度はモンレリー城に構えて、ロシュフォール一門の実力を背景に脅しをかけてくるというのだ。

これを認めて、おとなしくリュシエンヌ・ドゥ・ロシュフォールと結婚しては、政敵一派に屈服させられたも同然である。一一〇七年、ルイはトロワ公会議の席上で婚約破棄を宣言した。それは宣戦布告でもあった。そうと受け止めて、ロシュフォール一門も独立系の諸侯ブロワ伯と同盟したが、その全面対決も戦好きの肉体派ルイの勝利に帰着したのだ。〇八年七月二十九日から三十日の間に、とうとう父王フィリップが没したが、かかる実力と実績を背景に王位継承にはなんの問題もないはずだった。

が、やはりというか、ベルトラードは水面下で暗躍を始めた。まだルイは戴冠式を挙げたわけではないのだからと、領内の有力領主に声をかけて回り、再びフィリップを盟主とする蜂起を画策したのだ。が、ルイは聖職者受けがよい点で、決定的に「淫婦」に差をつけていた。シャルトル司教イヴをはじめとする高位聖職者の支持を固めると、勧められた方策というのが「一刻も無駄にするな」、つまりは速やかに戴冠式を挙行して、自らの政権を権威づけせよというものだった。

もちろんルイに異存はない。サン・ブノワ・シュール・ロワールで父王の亡骸《なきがら》を埋葬すると、その足で最寄りの司教座オルレアンに駆けこんだ。これまた居合わせたサンス大司教に頼んで、すぐさま古式通りの塗油を済ませ、あれよという間に戴冠してしまったのだ。

大急ぎの挙式は、一一〇八年八月三日のことだった。妨害する時間も与えられず、さすがのベルトラードも打つ手がなかった。数々の試練に曝《さら》されることで、ルイは困難に立ち向かう精神力を、さらには困難を克服するための行動力を獲得していたのである。

足場を固める

さりとて、まだまだフランス王家は苦しい。晴れの戴冠式が執り行われたにもかかわらず、列席のアキテーヌ公、ブールゴーニュ公、ノルマンディ公らは、ルイ六世に臣下の礼を取ろうとはしなかった。有力諸侯の群雄割拠に、ユーグ・カペーの末裔たちは顔色ないという状態には、なんの変化もなかったのである。

実際のところ、ルイ六世はイングランド王を兼ねるノルマンディ公アンリ（ヘンリー一世）を相手に、一一〇九年から数次の戦争を繰り返さなければならなかった。それも勝ったり負けたりで、ほぼ現状維持を図れるだけの戦争であるにもかかわらず、である。まして や名目上の王国全土に、王として覇を唱えるなど遠い遠い夢である。

かかる現実を受けて、ルイ六世は目を逆に転じたようである。すなわち、徒《いたずら》に諸侯と張り合う前に、まずは足場を固めなければならないと。

対イングランド・ノルマンディ戦争にしても、焦点となるヴェクサン地方から、敵を支持する輩、あるいは寝返る輩を排除しないことには、どうにも進展しようがない。まず一一〇九年にルイ六世はマントの奪取に成功し、それに和解の印として異母弟フィリップを封《ほう》じている。翌一一〇年にはムーランを占領し、その伯を追放に処した。ブロワ伯との争いで焦点となってきたガティネにも侵攻し、敵方の副伯を屈服させると同時に、いくらか穏便な解決策として、それが保有していた諸々の城砦を強制的に買い取ることもしている。

従前の闘争の延長上にありながら、王家の力点は「外交」から「内政」に移動された。ほとんどフランス王国で完結する話なので、あるいは奇妙な言い方になるかもしれないが、要するに天下に覇を唱える以前に、一地方勢力としての地位を磐石にしようということである。そのための鍵をルイ六世は、父王の代理として奔走した戴冠前の経験から、導き出したようだ。すなわち、問題は境界地帯だけでない。むしろ王領の内にあり、しばしば王家の官職さえ受け、本来なら忠実な譜代となるべきでありながら、なお唯我独尊の自立傾向を隠さない領主貴族こそ、速やかに粛清しなければならない。

最初がユーグ・ドゥ・プイゼだった。この領主貴族はシャルトル地方とオルレアン地方の境界、パリ・オルレアン街道を見下ろす要地にル・プイゼ城を構えていた。もともとは王の城であり、城代として管理させただけなのだが、それが占有されたまま、王家との主従関係さえ忘れ去られた格好になっていた。しかもユーグは、これを根城に近隣に繰り出しながら、カトリック教会の財産を襲い、果てはブロワ伯チボーの領地まで荒らすようになっていたのだ。

一一一一年、ルイ六世はブロワ伯、さらにシャルトル司教、オルレアン司教、サン・ドニ大修道院長らの訴えを受け、いよいよ出兵を決断した。プイゼ城を破壊される憂き目をみながら、なおユーグ・ドゥ・プイゼは降伏しなかった。ブロワ伯、イングランド王と、みる間に同盟を構築しながら、すぐさま反撃にかかったのだ。

ルイは一一一二年、一一八年と都合三次の遠征を費やさなければならなかった。この時代の城砦は木材と泥土で築かれるものであり、簡単に落とされてしまう半面で、また再建も容易だったのだ。とはいえ、三度も破壊されては、さすがに復活は難しく、あとのユーグは十字軍にでも出かけて、東方の夢に賭けるしかなくなった。その聖地での陣没は一一三二年のことだった。

次がトマ・ドゥ・マルルである。クーシー、マルル、ラ・フェールの領主として、ラン地方に基盤を置いていた有力者は、やはり周辺の荘園を荒らしているとして、一一一五年にルイ六世に攻められている。最後にして最大の難物がロシュフォール家だった。先に触れたモンレリー城だけでなく、一門でゴメス、ロシュフォール・アン・リヴリーヌ、クレシィ・アン・ブリー、ブレイ・シュール・ロワール、グールネイと城を連ねて、セーヌ河の南岸を固めていた。異母弟フィリップとの縁組みと自らの破談を機会に敵対し、いったんは武力で退けているとはいえ、まだまだ侮《あなど》れない難敵なのである。

ルイは一門の内紛を利用した。ユーグ・ドゥ・クレシィは従兄弟にあたるミロン・ドゥ・ブレイと、その異母弟ウード・ドゥ・コルベイユを相手に、頻々と悶着を起こしていたのだ。ユーグがミロンの首に手をかけ、絞殺に及んだときが運の尽きだった。世の非難は逃れがたく、その声に押されて一一一八年、王がゴメス城を包囲すれば、もうユーグは出家を条件に助命を願い出るしかなかった。

家臣団の統制

反抗的な領主貴族を粛清しながら、それでは誰がルイ六世の政権を支えたのか。徐々に形を取り始めたフランス王家の家臣団は、大きく領主貴族層と騎士層に分けることができた。前者は王の宮廷では家政の五大官職を占めながら、自らの基盤では自立的な権力を行使するという、例の譜代たちである。モンモランシー、ボーモン、モンフォールのように、恭順の意を示せば従属を許すにせよ、マルル、プイゼ、ロシュフォールのように反骨を貫くならば粛清するにせよ、ルイ六世は強気の姿勢で統制に腐心した。

対するに後者の騎士層は、自分の領地を持たない、あるいはそれだけでは立てないくらいの小物であり、それだけにフランス王は絶対の忠誠心を期待することができた。二心ある領主貴族に悩まされ続けるにつれて重用が始まると、フィリップ一世時代の晩年に頭角を現して、ルイ六世時代に一躍の台頭を遂げたのが、騎士層出身のガーランド家だった。

大方の騎士層は侍従、酌役、厩番、祐筆というような、領主貴族より一段低い役職しか与えられてこなかった。が、この慣例からガーランドの四兄弟は、完全に抜け出した格好だった。

転機は一一〇七年、ギイ・ドゥ・ロシュフォールがルイ六世と敵対して、宮廷での地位を失ったときに訪れた。空いた主膳長の席に、まず長男アンソー・ドゥ・ガーランドが座した。十年務めて没すると、後任は次男ギョームであり、やはり一一二〇年に死ぬまで留任している。三男ジルベールのほうは、一一一二年から司酒長になっていた。四男のエティエンヌは唯一の聖職者だが、その資格で早くも一一〇六年には尚書長に就任している。兄ギョームが亡くなると、主膳長の地位まで占めたのであり、大袈裟でなく一人で宮廷を牛耳る格好だった。

が、得意の絶頂も長くは続かない。一一二七年、エティエンヌは姪を有力な領主貴族である、エヴリュー伯アモーリ・ドゥ・モンフォールに嫁がせた。その際に持参金がわりというか、自分の主膳長を婿に継がせると約束があったらしい。

これがルイ六世の逆鱗《げきりん》に触れた。継母ベルトラードの実家として、またエヴリュー伯も異母弟フィリップの陰謀に加担していたというだけではない。それならイングランド王ヘンリーとの対決に同道して、伯も誓い直した忠誠心を証明している。むしろ怒りの矛先は、王家の官職を私物のように扱う、ガーランド一門の増長だったのだ。

父から息子に相続が行われたり、あるいは親戚に回したり、はたまた持参金がわりに使われたりと、官職の私物化は今に始まったことではなかった。が、それは領主貴族が持ち前の傲慢さで繰り返してきた勝手なのだ。忠誠心を期待した騎士層に許されるものではない。それならば、騎士層を重用する意味がないと、ルイ六世は決然と行動した。一一二七年末から二八年の初頭にかけて、ガーランド一門を宮廷追放に処したのだ。

エティエンヌ、ジルベールともども役目から解任された。財産は没収され、パリ屋敷は徹底して破壊されるという、容赦ない処分である。この仕打ちにガーランド一門は、フランス王に反旗を翻《ひるがえ》す。というより、エヴリュー伯アモーリ・ドゥ・モンフォールが、ここぞと領主貴族の実力を発揮する。ときにイングランド王ヘンリーと同盟し、ときにブロワ伯チボーの支援を引き出し、ルイ六世に対して三年の闘争を強いたのである。

結局は鎮圧され、降伏を余儀なくされるのだが、あとの処遇がフランス王の姿勢を垣間みせて面白い。エティエンヌ・ドゥ・ガーランドを許して、一一三二年には尚書長に復職させるからである。有能な人材が忠僕として働くなら、大歓迎だ。それが家臣の枠を越えて増長するなら、そのときは容赦しないと、ルイ六世は一線を引いていたようである。

左右の重臣

話は前後する。ガーランド・モンフォール連合の討伐における山場の戦いが、ルイ六世の軍隊によるリヴリ・アン・ブリー城の包囲だった。王が弩《いしゆみ》の四角矢で脚に怪我する激戦において、これを自らも片目を失いながら助けた側近がヴェルマンドワ伯ラウルだった。また一一三〇年に同城が陥落して、フランス王の勝利が確定したわけだが、事後においてエティエンヌ・ドゥ・ガーランドを寛大に遇するよう、主君に進言をなしたのがサン・ドニ大修道院長シュジェである。このラウル・ドゥ・ヴェルマンドワとシュジェこそは、ガーランド一門の失脚といれかわりに重用されて、以後のルイ六世を支えていく左右の重臣となる。

独立系の伯領を相続しているとはいえ、ラウル・ドゥ・ヴェルマンドワの素性をいえば、ルイ六世の従兄弟になる。王家の一族ということで、他の領主貴族から頭ひとつ抜けているだけ、無用の野心というものがない。もちろん、血縁が常に忠誠心を保証するわけではないが、ラウルの場合は折り紙つきだったようである。

でなくても、さしあたりは利害が一致していた。フランス王が業を煮やした領主貴族、わけてもトマ・ドゥ・マルルはヴェルマンドワ伯ラウルにとっても厄介な隣人であり、のみならず弟アンリを殺害されてもいた。復讐の誓いと王の粛清方針が一致をみたわけであり、事実、一一三〇年にマルルが再び蜂起すると、ラウルはその懲罰軍の先頭に立ち、見事に仇敵を討ち果たしている。

かかる事績は他面で、ラウルが勇敢な戦士だったことを窺《うかが》わせる。いいかえれば、ルイ六世と通じるものが多い個性の持ち主なのである。忠誠心を云々するより、主従を結びつけていた感情は、友情に近いものだったかもしれない。

一一三二年には王家の主膳長となるが、その資格でフランス王の戦争に同道しては、ときにルイ六世の有能な補佐として、ときに主君そっくりの代理として、ラウルは抜群の働きを示した。肥満王の晩年はブロワ伯兼シャンパーニュ伯チボー四世との闘争で彩られるが、これを熱心に後押しした裏方というのも、やはり血気さかんなラウルだった。

ラウル・ドゥ・ヴェルマンドワが武断派の重臣だったとすれば、一方のシュジェは聖職者という身分からしても文治派の重臣だった。肥満王が幼年期を過ごしたサン・ドニ大修道院の院長で、こちらの固い結びつきは師弟関係にたとえることができようか。

ルイ六世は肉体派であるだけに、直情的、短絡的な一面がある。これを正すどころか、ラウルでは逆に助長するばかりである。先生としてキリスト教的な徳目を教え諭し、あるいは賢明な相談役として微妙な政治判断を進言することで、主君の欠点を補うというのが、シュジェの役割だった。

僧形の重臣あったおかげで、ルイ六世はローマ教皇庁との関係も常に円滑だった。ここで私生活をいえば、肥満王は一一一五年にアデライド・ドゥ・サヴォワという女性と結婚している。ブールゴーニュ伯家の流れを汲むとはいえ、特に有力な一門の出というわけではない。ただ叔父が教皇カリクストゥス二世であり、教会当局との軋轢《あつれき》で何度も煮え湯を呑まされた先代から、フランス王家も変われば変わったものである。

シュジェの感化か、あるいは父王の不倫のせいで自らが辛い経験をしたせいなのか、肥満王は私生活も品行方正そのものだった。正しい王妃との間に六男二女を儲けて、模範的な家庭を築いたのである。

ただ飽食の罪からだけは逃れられなかった。病に冒された肥満王の晩年にあたる一一三五年、さらなる闘争は無理であると判断し、チボー・ドゥ・ブロワとの和平を成功させたのもシュジェだった。もう先が長くないとなれば、つつがない王位継承も考えなければならなくなる。宮中伯に叙すると同時に、ラウル・ドゥ・ヴェルマンドワに並べて、次なるルイ七世の後見人を務めさせることで、チボー・ドゥ・ブロワを見事に懐柔した功績も、また僧形の重臣が遂げたものである。

ターニング・ポイント

かくてフランス王ルイ六世は、これまでの諸王とは比べられない成功を収めた。領主貴族を整理統合しながら、王領の支配を安定させることで、確固たる権力基盤を創出できたからである。肥満王の治世から王家のパリ滞在が増え、同時に後に高等法院、会計院、尚書局などになるような国政機関も、パリに置かれるようになる。ここに事実上の首都も姿を現す。領内が平和で、往来も安全ならば、農業生産も増し、商業利益も高まり、結果として王家も富む。肥満王の治世は、カロリング朝の末期から衰微を続ける王権を、再び甦らせるための大きなターニング・ポイントをなしたのである。

とはいえ、領内を固めて、そのものを国家として一体化しようとする努力は、なにもルイ六世の専売特許ではない。フランドル伯、アンジュー伯、ブロワ・シャンパーニュ伯、ノルマンディ公というような諸侯も、同様の仕事を進めていたのであり、それは時代の趨《すう》勢《せい》ということで片づけられるかもしれない。

先代フィリップ一世に比べても、王領を拡大できたわけでなく、その意味では停滞というべきなのかもしれない。戦争に明け暮れる精力的な日々だったとはいえ、その規模も兵数でみると、多くて数百、少なければ数十という程度だった。肥満王の成功など、領主貴族のレベルにまで落ちての成功にすぎないと、そう辛く採点するほうが、あるいは妥当なのかもしれないのだ。

が、現実にルイ六世の治世を経て、フランス王家の声望は高まった。少なくとも時代の趨勢には乗り遅れなかったからだ。フランスの王として群雄割拠する諸侯たちを屈服させる力となると、まだまだ持ちえないにしても、横並びの一諸侯としては、他に恥じる必要がないくらいの内実を備えた。形ばかり頭に載せた王冠も、こうなって初めて輝く。領国の主としての権力があるからこそ、王国の主としての権威が物をいうのである。

もちろん、フランドル伯、アンジュー伯、ブロワ・シャンパーニュ伯、ノルマンディ公というような有力諸侯に干渉するほどの実力はない。が、オーヴェルニュ伯、ヌヴェール伯、ブルボン卿など、中央フランスの中小家門が問題を起こしたときなど、これを主君として裁定するような場面はみられた。その評判はといえば、さらに南の大地にまで聞こえないではないらしかったのだ。

アキテーヌ公家といえば、南フランスの雄である。大きく距離が隔たることもあり、北フランスで主君を自称する一門など、長らく無視して捨ててきた家門である。それが一一三七年、女相続人の後見を頼んできた。いいかえれば、カペー王家をフランス王として、あるいは自らの主君として、とうとう認めたということになる。

この一事で晩年の肥満王は達成感に満たされたのかもしれない。ルイ六世が崩御したのは、まもない同年八月一日のことだった。

4　若王ルイ七世（一一三七年〜一一八〇年）

血気さかん

ルイ七世は一一二〇年生まれである。歴史に「若王（le Jeune）」と呼ばれることがあるのは、一一三七年に父ルイ六世が崩御したとき、まだ十六歳だったからである。

父王の死を悲しんだは悲しんだに違いない。とはいえ、少なくとも本人の心理としては、若輩の身で途方に暮れるというわけではなかったろう。もはやカペー朝の伝統といおうか、ルイも父王が存命中の一一三一年十月十八日に、ランスで、それも偶然に公会議を開いていた教皇インノケンチウス二世の執式で戴冠を済ませていた。すでに共同統治者となっていただけでなく、父王の訃報を聞かされた場所というのが、ボルドーから パリに向から帰り道だったのだ。

ボルドーはアキテーヌ公領の主邑《しゅゆう》である。わざわざ足を運んだというのは、アキテーヌ

ルイ7世

カルナヴァレ美術館

公家の令嬢アリエノールと結婚するためだった。麗人の誉《ほま》れも高い十五歳の花嫁を伴えば、まだ若いルイは心身ともに力が満ちて、それこそはちきれんばかりだったに違いない。いや、それが醜女の年増女だったとしても、まさに意気揚々と凱旋する気分だったろう。新しいフランス王妃アリエノールとは、アキテーヌ公ギョーム十世がルイ六世に後見を依頼した、あの女相続人アリエノールのことである。男兄弟がないから女相続人なのであり、これを娶《めと》れば花婿は労せずして、アキテーヌ公領を自分のものにできるのである。持参金がわりとしても破格だった。ロワール地方の南からピレネまで連続するアキテーヌ公領（36、90ページ地図参照）は、北のフランス王領など比べ物にならないほど広大で、しかも今日なお葡萄酒で名高い肥沃な穀倉地帯なのである。まさに夢のような結婚だが、それを声望を高めつつある王家に生まれた男子として、ルイは現実に自分のものにすることができたのだ。

もうなにも怖いものがないといえば、少し大袈裟になる。が、仮に厳しく査定しても、これで王国屈指の実力が備わった。イングランド王兼ノルマンディ公も、ブロワ伯も、シャンパーニュ伯も、フランドル伯も、アンジュー伯も、もう徒《いたずら》に恐れないで済む。ルイ六世の訃報に触れたからと、悲嘆に暮れるばかりが親孝行ではない。それどころか父が築いた確かな土台に足を踏ん張り、さらに高く飛躍しようという勢いやよし、なのである。

ルイ七世は家臣団も父王が整えたものを相続した。変化といえば、王妃アリエノールがアキテーヌから随行させた家臣が、目新しい派閥をなしたくらいのもので、依然として重きをなすのは、ヴェルマンドワ伯ラウルとサン・ドニ大修道院長シュジェだった。が、血気さかんな若者にして無理からぬ話といおうか、二人のうち最初にルイが傾倒したのは、武断派のヴェルマンドワ伯のほうだった。

となれば、俄《にわ》かに高まるのはシャンパーニュ戦争再開の気運である。単独統治を始めて間もない一一三八年初頭、シャンパーニュ伯チボーは先の和平を確認する意味で、新王ルイ七世に臣下の礼を捧げた。が、ルイが王妃の求めに応じて、ポワティエ遠征、トゥールーズ遠征に着手すると、伯は自ら出陣しないばかりか、派兵を工面する素ぶりもなく、非協力的な態度に終始してみせた。これに若い王が憤慨したことで、たちまち関係は、ぎくしゃくしたものになったのだ。

肩身が狭いのは、親シャンパーニュの和平派シュジェだった。一一四〇年頃から徐々に影響力を低下させ、尚書長にカデュルクという聖職者が就任すると、老臣の失脚は否定できないものになった。一一四一年、かかる状況で燻《くすぶ》り始めた火種が、ブールジュ大司教の選出問題だった。前任者の死没によって空位となった大司教位に、ルイ七世は他でもないカデュルクを推した。が、ローマ教皇インノケンチウス二世が叙品したのは、ピエール・ドゥ・ラ・シャトルという別な聖職者だった。

ルイが譲らないので、教皇はフランス王の領内に聖務停止命令を科した。文字通り教会の機能が停止するのであり、人が死んでも葬式すら出せない有様になる。が、これに屈するどころか、若き王は輪をかけて怒りを露《あらわ》にするだけだった。あまりの剣幕に恐れをなして、ラ・シャトルが泣く泣く逃げこんだ先というのが、シャンパーニュ伯の宮廷だったというのだから、なおのこと話は拗《こじ》れる。ローマ教皇まで巻きこんだ緊迫状態が、一気に破裂したというのは、加えるにヴェルマンドワ伯ラウルの再婚問題が、さらなる悶着を招かずにおかなかったからである。

ラウルはアリエノール・ダキテーヌがボルドーから同道させた妹、自分の娘ほども歳が離れたペトロニルとの再婚を望んでいた。が、そのために離縁したい、かねて気に入らなかった古女房エレオノールというのが、シャンパーニュ伯の姪という素性だったのだ。

エレオノールもシャンパーニュに逃げこみ、この一件を合わせて、伯はローマ教皇に訴えることになった。というより、恐らくは大いに口説いたに違いない。教皇はラウルに破門を宣告したが、ルイ七世は重臣に科せられた厳罰にも萎縮しない。それどころか、シャンパーニュ伯は教皇まで抱き込んで己のために利用しようとしたのだから、もはや主君に対する敵意は明らかであるとして、宣戦布告をなしたのである。

一一四二年に開戦すると、ルイ七世の遠征は軍事的には大成功だった。攻勢の仮借《かしゃく》なさを象徴するのがヴィトリ・アン・ペルトワの占領で、王の軍隊は教会に逃げこんだ千三百人の住民を、生きながらに建物ごと焼いたといわれる。後々まで悪評を残す事件だが、さておきルイは、ほとんど全ての地域に侵攻を果たした。もはやランスとシャロンしか確保できないシャンパーニュ伯は、まさに敗残者の体だった。が、ここで和平派が動く。

シュジェと高名な大修道院長サン・ベルナールの斡旋《あっせん》で、ラウル・ドゥ・ヴェルマンドワの破門を解くかわりに、シャンパーニュ伯に征服した領地を返還するという、和平の取り決めができた。が、ブールジュ大司教の選出問題は解決しなかった。闘争は再燃せざるをえないが、一一四四年に再度の条約が締結されて、フランス王は聖務停止を解かれるかわりにシャンパーニュから立ち退く、ブールジュ大司教位にはラ・シャトルが就くという妥協が成立した。たまたまエレオノール・ドゥ・シャンパーニュが死んだため、ヴェルマンドワ伯ラウルだけは晴れて独身の身となり、堂々ペトロニルと結婚できたというのは、余談ながらの後日談である。

十字軍

若きルイ七世には初めての挫折だった。現実は思うようにならない。なにをやっても、うまく行かない。同じ頃にルイは、いまひとつの問題にも悩まされていた。イングランド王家の継承問題である。一一三五年十二月一日、ヘンリー一世が直系の男子なくして没したため、娘のマチルダと甥のスティーヴンの間で相続争いが起きていたのだ。

文字通り対岸の火事のようだが、そうもいかない。周知のように一〇六六年、イングランド王国はノルマンディ公ギョームに征服された。以来フランス王国の一諸侯による支配が続いていたわけで、フランス王としても直接の影響を被る問題だったのである。英語で「マチルダ」といいながら、その実はアンジュー伯妃マチルドのことであり、同じく「スティーヴン」というのも、ブーローニュ伯エティエンヌ・ドゥ・ブロワのことなのだ。

ルイ七世はエティエンヌ・ドゥ・ブロワを支持した。その息子ユスターシュに妹王女コンスタンスを嫁がせたくらいで、一一四一年には封建法上の主君として、ノルマンディ公領の領有も認めている。それで安心したのか、エティエンヌはイングランドの分捕りに腐心するあまり、ノルマンディのほうは手薄になり、それをマチルドの夫アンジュー伯ジョフロワが四三年から四四年にかけて取り組んだ遠征で、まんまと征服されてしまった。自分で介入しようにも、シャンパーニュ遠征の最中で余裕がなく、ルイは妥協するしかなかった。一一四四年五月、ジソールならびにヴェクサンの数城の割譲を条件に、ルイは兼ノルマンディ公としてのアンジュー伯ジョフロワの地位を認めた。

ルイの心中はおくとして、一一四四年は久方ぶりに平和な一年になった。それが続くかにも思われたが、年末のキリスト降誕祭の前日に、東方という思わぬ方面から衝撃の報が届けられる。モスールの首長ザンギが要衝エデッサを占領したというのだ。

ヨーロッパのキリスト教世界は、イスラム教徒の手から東方聖地を奪い返そうという運動、いわゆる「十字軍（croisade）」に着手していた。一〇九五年、ローマ教皇ウルバヌス二世がクレルモン公会議を閉じるにあたり、ビザンツ帝国の弱体化によって、東方のキリスト教徒は異教徒の抑圧に苦しんでいる、西方で同胞同士が争っている場合ではない、東方の兄弟を救うために団結して、今こそ立ち上がらなければならないと、遠征の必要を訴えたのが始まりである。敬虔な信仰ゆえの熱意といえば熱意だが、日本人には些《いささ》か理解しにくい運びではある。

さておき、教皇の呼びかけに応じて、一〇九六年にはトゥールーズ伯レイモン、低ロレーヌ公ゴドフロワ・ドゥ・ブイヨン、ブーローニュ伯ボードワンらが参加を表明するにいたった。いざ遠征が始まると、胸に十字の印をつけた軍団は、みるみる聖地を征服していった。エルサレム王国、エデッサ伯領、アンチオキア侯領、トリポリ伯領などの新国家も建設された。一一〇〇年代にかけて達成された、かかる第一回十字軍の成功も、イスラム教徒の巻き返しが始まるにつれ、反故《ほご》にされかねなくなっているというのが、フランス王ルイ七世の時代だったのである。

これまでのフランス王は十字軍には係わらないできた。フィリップ一世の弟、ヴェルマンドワ伯ユーグが参加したくらいで、わけても足場を固めようというルイ六世の方針からするならば、それも当然のことである。信仰心がないわけではない。が、それに浮かれて、下手に東方に手を出して、要《かなめ》の本拠を留守にしている場合ではないというわけだ。

が、ルイ七世は違った。父王の努力で王領は安定していた。アキテーヌ公領まで手中にして、先祖の代とは比べ物にならないくらいの実力も有している。なかんずく、この幸運をもたらした妻アリエノールが、十字軍参加を熱望していたのである。エデッサの陥落は他の十字軍国家をも危険に曝《さら》した。なかんずくアンチオキア侯領は危険だったが、侯家に婿として迎えられ、これを支配していたのが、アキテーヌ公ギョーム十世の弟レイモン・ドゥ・ポワティエこと、アリエノールの叔父だったのである。

かくてルイ七世は決断した。準備に二年余りの歳月を費やして、いよいよ東方聖地に出発したのが、一一四七年六月のことだった。未曾有の大軍による華々しい行軍が続いたが、結果から明らかにすれば、この第二回十字軍は見事な失敗だった。十字軍におけるフランス人とドイツ人の不協和音、東方における十字軍とビザンツ陣営の不和、おまけに在東方の同胞とも仲違《なかたが》いするにいたり、遠征はイスラム教徒と戦う前に空中分解したのである。

ルイはエルサレム巡礼だけは果たした。が、無謀なダマスクス攻撃に乗り出し、これを苦々しい思いで断念せざるをえなくなると、今度はフランスから弟ロベール・ドゥ・ドルーが蜂起したとの急報が飛びこんできたのだ。すぐさま西方に引き返しながら、もう泣き出したくなるくらいの思いだったろうと想像するのは他でもない、十字軍に同道させた王妃、アリエノール・ダキテーヌとも旅先で衝突していたからだ。

ありがちな夫婦喧嘩では済まない、かなり深刻な不和まで生じさせる衝突だった。原因はアンチオキア侯レイモンが提案したアレッポ遠征を拒絶して、ルイがエルサレム行を優先させたというものだった。東方の防衛戦略は破綻し、現にレイモンは一一四九年の戦いで、ザンギの息子ヌールアッデンに領国を奪われることになる。

目にみえていた結果であれば、夫婦でアンチオキアに滞在していた一一四八年の段階で、アリエノールも夫の説得に懸命だった。それが正しい戦略なのだと確信があったかもしれない。少なくとも肉親の窮地を救いたいという感情はあったはずだ。そうした妻の思いの全てを無視しながら、ルイが意固地に自分の主張を貫いたのには理由がある。

アンチオキア滞在中に醜聞が起きていた。アンチオキア侯レイモンは叔父とはいえ、アリエノールより八歳上でしかなかった。しかも絶世の美男と評判の男である。吟遊詩人の本場、南フランスの人間でもあり、自らが詩人裸足《はだし》に巧みな言葉を操ることもできる。こんな男と自分の妻が密かに逢い引きしていると、ルイは噂を聞かされてしまったのだ。

一説には南フランスの方言で喋られて、ついていけないルイは面白くなかっただけだともいう。また別な一説では、アリエノールとレイモンは本当に不倫の関係を結んだのだという。真相は夜の闇の中であるが、少なくとも昼間の史実は伝わっている。

どんなに説得を繰り返しても、ルイが翻意しないので、業を煮やしたアリエノールは、それなら自分と自分の家臣だけでアンチオキアに残ると宣言した。ルイは夫としての権利に基づき、力ずくでも連れていくとやりかえした。対するにアリエノールは、決定的な言葉で夫を突き放したのだ。もう、あなたの妻でなどいるものかと。

離縁

売り言葉に買い言葉でも収まらなかった。アリエノールはご丁寧にも、二人ともロベール敬虔王の子孫であり、教会が禁止する親等なのだから、この結婚は最初から認められるものではなかったのだと、離縁の根拠まで挙げた。あるいは前々から考えを温めていたということか。結婚して十年、すでに夫婦仲は冷えきっていたらしい。無理もないと思うのは、この男女の人間性というのが、あまりに懸け離れていたからである。

アリエノールは南フランスの女である。陽気な話好きだったというのも、吟遊詩人が闊《かっ》歩《ぽ》する華やかな芸術が栄えた、文化的には先進地帯の生まれだったからである。なにより女性が尊ばれる宮廷文化の世界で生まれ育てば、はっきり自分の意志を持つことに、なんのためらいもない。でなくとも、アキテーヌ公家の姫君であり、しかも莫大な財産を自分のものにしている女相続人なのである。我儘だの、多情だの、軽薄だの、ずいぶんな悪評もある女性だが、それも自分を曲げて、気持ちを押し殺したりしないからだったろう。こんな傲慢に咲き誇る薔薇のような女を妻に迎えながら、他方のルイはといえば、どんな男だったのか。

実をいえば、ルイはフランス王ルイ六世と王妃アデライド・ドゥ・サヴォワの間に生まれた次男だった。一一三一年十月十三日、共同統治者として戴冠したばかりの兄フィリップが事故死したため、急遽呼び出されただけなのである。

次男が悪いというわけではない。が、ルイの場合は聖職者になるべく予定されていた節がある。物心ついた頃から、パリのノートルダム大聖堂付属学校で神学を学んでいたからだ。それも、かなり熱心だったらしい。こういう男が還俗《げんぞく》したからといって、女性の目からみればどうか。フランス王でもなければ、地味で、つまらない相手というのが相場の印象だろう。ましてやアリエノールは宮廷文化の雅《みやび》を知る女なのである。

自由奔放な南の女と、生真面目《きまじめ》が取柄という北の男。第三者の立場でみても、まさに水と油である。いったん衝突したが最後で、ルイとアリエノールの夫婦が二度と和解できなかったというのも、わからないではない気がする。一一五二年三月二十一日、ボージャンシーに召集された司教会議で、結婚の無効取り消し、つまりは正式な離縁が決まった。せっかく手に入れたアキテーヌ公領も、またフランス王家の支配を離れた。が、話はこれで終わらない。二ヵ月もしないうちに、ルイは衝撃の報を聞かされたのだ。

五月十八日、アリエノールは再婚していた。二十九歳を数えて、さらに魅力を増すばかりの女を迎えた花婿はアンジュー伯アンリ・ドゥ・プランタジュネ、まだ十九歳の若者だった。

十歳から下の若造に、してやられた。だけでなく、これでは性格の不一致による離婚でなく、ただ自分がふられただけではないか。ルイ七世は悔しさに臍《ほぞ》を噛んだに違いない。いや、ただ感情を乱して済むような問題ではなかった。広大なアキテーヌ公領も、一緒に持っていかれたからだ。それも、こともあろうにアンジュー伯アンリに、だ。

すでに触れたが、アンジュー伯ジョフロワ・ドゥ・プランタジュネはノルマンディ公領を手に入れていた。これを一一五〇年に息子のアンリに与えようとしたが、今度こそ黙認してなるものかと、すかさずルイ七世は介入した。封主であるフランス王の許可を得ていない、罰としてノルマンディ公領を没収する、かわりにイングランド王スティーヴン（エティエンヌ）の息子、ユスターシュ・ドゥ・ブロワに受封させると宣言したのである。五一年の春には強制措置として軍隊まで動かしたが、八月末にパリで妥協案が成立した。アンリが封臣ノルマンディ公として、封主フランス王に自ら臣下の礼を取るというものだった。

実際にノルマンディ公領を奪う気はなく、また簡単に奪えるとも思わないなら、ひとまずはルイ七世の外交勝利だった。が、同時に未曾有の危機が立ち上がる、皮肉なプレリュードにもなった。アンリがアリエノールを見初《みそ》めたのは、いわれた通りに臣下の礼を捧げるため、フランス王家の宮廷を訪れたときだったからである。父ジョフロワがパリ条約の直後に亡くなったので、すでにアンリはアンジュー伯兼ノルマンディ公だったが、さらに十歳も上の女と結婚することで、アキテーヌ公領まで手に入れたのだ。

のみならず、イングランド王スティーヴンの崩御を受けて、いよいよアンリは海を渡った。「イングランド王ヘンリー二世」として、ロンドンで戴冠式を挙行したのが、一一五四年十二月十九日のことだった。晩年のスティーヴン王は息子ユスターシュに先立たれ、自分の死後はアンジュー家に王冠を譲ることを承諾していたのだ。

地図を御覧いただきたい。気がつくと、スコットランド国境からピレネ山脈まで連続する、巨大な勢力圏が出現していた。歴史に「アンジュー帝国」とも呼ばれる版図は、フランス王家の小さな王領に比べると、優に数倍はあろうかという規模である。その全てを握るのが、アンリ・ドゥ・プランタジュネなのである。

立ち向かう術《すべ》もなく、ただ押し潰されるしかないような脅威の出現に、フランス王ルイ七世は呆然としたに違いない。しかもアリエノールと離婚して、アキテーヌ公領を取りやすくしてやることで、自らも片棒を担いでいるのだ。

ルイは後悔したろうか。いや、これだけの危機を招きながら、意外や後悔はしなかったように思う。それどころか、どんな犠牲を強いられようと、他の選択肢はなかったと考えたはずだ。アリエノールは王位継承者を生まなかったからだ。

一人娘には恵まれたが、それきりで待望の男子は懐妊の様子もなかった。確かにアキテーヌ公領は惜しい。が、どれだけ大きな領地を得たところで、それを手ずから渡すべき世継ぎがなく、あげくに王朝を断絶させてしまうなら、それこそルイには元も子もないので

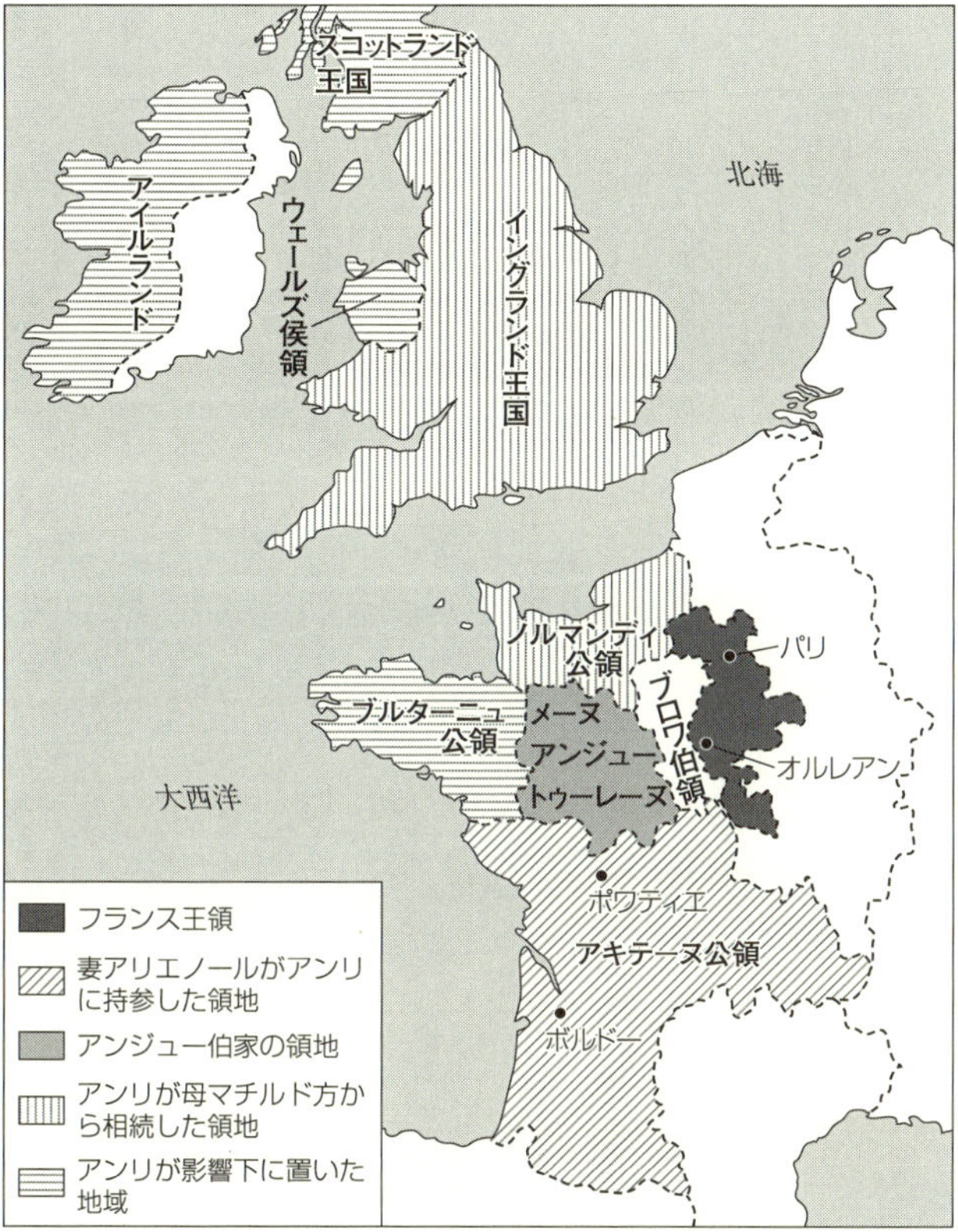

「アンジュー帝国」と王領（12世紀半ば）

佐藤賢一『英仏百年戦争』集英社新書より

ある。あるいは和解に努めて、そのまま夫婦を続けていれば、アリエノールも男子を産んだかもしれない。が、それでも駄目だ。過去に醜聞を起こしているからだ。浮気女が産み落とした子供など誰の種か知れたものではない、王の血筋でないかもしれないと、もはや正統性に疑問を投げかけられざるをえないのだ。

してみると、すっきりして心が軽く、かえってルイは前向きになれたかもしれない。張りきって治世を始めたものの、有体《ありてい》にいえば失敗続きだった。積極果敢な姿勢を取り続けたというのは恐らく、ただ若かったというだけでなく、アリエノールに影響された部分も少なくなかったろう。諸々の史書が証言するところ、また外野で眺めていても十分に頷けるところ、ルイのほうは魅力的な妻に夢中だったのだ。この女を喜ばせたい、この女に認められたいと、その一心で柄にもない張りきり方をしたのだ。

が、若いというなら、若いときには自分と違う人間ほど魅力的にみえるという理屈もある。だんだん歳を重ねるにつれて、わけても男は本当の意味で自分に自信が持てるようになるにつれて、その違いが癇にさわってくるのだ。一緒に暮らすうちに夫婦は似てくるという話もあろうが、それが互いに歩み寄れないくらい、大きく異なる個性と個性であるならば、きっと耐えがたいストレスになるはずだ。

ルイとアリエノールの場合も、これだったのではないか。だとすれば、魅力的な妻との離縁は、一種の解放に他ならない。無理に無理を重ねたあげくに自爆したが、その痛みとひきかえに、ようやく本当の自分に戻ることができたのである。

こんな推理まで寄せたくなるというのは、ルイ七世という王の治世は、王妃アリエノールと離縁する前と後で、まるで別人のものだからである。すなわち、以後のルイは劣勢に立たされながら、慌てず騒がず、派手さはないが粘り強く、というより陰険といえるくらいに執拗な戦略をもって、イングランド王ヘンリー二世、というより今や巨大な怪物であるアンリ・ドゥ・プランタジュネを、とことん苦しめていく。

揺さぶり

一一五二年の夏から早速ルイが取り組んだのは、用意周到な体制作りだった。まずは再婚の手筈を整え、カスティーリャ王アルフォンス七世の娘、コンスタンスを王妃に迎えることになった。次が同盟の構築であり、代替わりして遺恨も薄いシャンパーニュ伯アンリ、ブロワ伯チボー、フランドル伯ティエリと取り結んで、いざというとき孤立しないようにした。「アンジュー帝国」に脅威を覚えるのは、他の諸侯も同じなのだ。

なかんずく重要だったのがナント伯ジョフロワ、つまりは兄に冷遇され続けたアンジュー家の弟だった。一一五六年二月、恐らくはフランス王ルイ七世の教唆《きょうさ》により、ジョフロワは蜂起した。一門の人間であるだけに、アンリ・ドゥ・プランタジュネは苦戦した。こんなとき、フランス王までを相手にしたくはない。臣下の礼を捧げるように求められれば、それを断るわけにはいかない。

ルイ七世は大陸の領国に関するかぎり、我こそは主君であると宿敵に認めさせた。もちろん、イングランド王国には手を出せない。いかなる意味においても外国だからだ。ということはイングランド王の位も、あくまで外国の身分なのだ。王として同格だから、大陸の領国に関しても、フランス王に臣従する謂《いわ》れはないなどとはいわせない。どれだけプランタジュネ家が富強であろうと、臣下は臣下なのだと、最初にルイはわからせてやったのである。

その上で親睦を深めたい旨も話す。一一五八年八月三十一日のジソール条約で、ルイは再婚して得た王女マルグリットと、アンリとアリエノールの間に生まれた長男、いうところの「若アンリ（Henri le Jeune）」の婚約を決めた。アンリ・ドゥ・プランタジュネ自身にも、王家の主膳長の職を与えた。なるほどフランス王は主君であり、自分は主君の名代なのだと振りかざして、アンリはブルターニュ征服になど乗り出したが、それすらルイは容認して和平の維持に努めた。六〇年代には南フランスの利権を巡り、あるいはヴェクサンの領有を巡り、あるいはブルターニュ征服を巡り、何度か矛を交えたが、それも決定的な抗争に発展させることなく、六九年十一月十一日のモンミライユ合意に帰着させている。

ここで話をプランタジュネ家の事情に逸らせば、同じ一一六九年の年始にアンリは遺言を明らかにして、死後の財産分けを明かした。長男である若アンリにはイングランド、ノルマンディ、アンジューを、母親に可愛がられた次男リシャールには、それではとアキテーヌを相続させる旨を発表したのだ。

これを受けて、モンミライユ合意ではプランタジュネ家の二人の息子も、フランス王に臣下の礼を取ることが定められた。そのかわりにアンリ・ドゥ・プランタジュネはブルターニュ征服を認められ、それを三男ジョフロワに与えられることになった。リシャールとルイ七世の次女アリクスの婚約も決まり、あくまで表面上は平和が求められるのである。

好機到来

ルイにしてみれば、全ては若アンリを手なずけるためだった。一一七〇年六月十四日、若者はイングランド王として戴冠し、父王の共同統治者となった。翌七一年には婚約通りに、フランス王女マルグリットと結婚して、ルイ七世を義父とした。七三年二月、かくてプランタジュネ家が見舞われたのが、未曾有の規模の内紛だった。

発端は家門の末子ジャンが、自分にも領地を分けてほしいと、不満を表明した運びだった。父親アンリは長男の相続分から削ることで、シノン、ルーダン、ミルボーの三城を与えようとした。これを若アンリは断固として拒否した。のみならず、いつまでも「若」などと呼ばれながら、頭を押さえつけられているのは沢山だといわんばかりに、ここぞと反乱に踏みきったのだ。

プランタジュネ家の長男が恐るべき父と対決するにあたって、最も頼りにしたのが義父のフランス王ルイ七世だった。まさに千載一遇《せんざいいちぐう》の好機到来である。若アンリの支持を公言しながら、こちらもスコットランド王、ブロワ伯、フランドル伯、ブーローニュ伯らに即時の決起を促したのだ。

奇妙な現象が起きていた。プランタジュネ家の勢いが増すほどに、高まるのは指導者としてのカペー家の権威だった。大ブリテン島でも、大陸でも、諸勢力は同じように「アンジュー帝国」の出現に恐怖していた。その猛威から身を守るためには、皆で団結しなければならない。団結するためには旗頭を立てなければならない。フランスに秩序をもたらすはずの王が、誰より適任というわけで、皮肉にも劣勢のカペー家こそ求心力を獲得したのである。それが証拠に主膳長にはブロワ伯が就き、またフランドル伯も参内《さんだい》してくるなど、一介の諸侯並びに騎士、せいぜいが領主貴族のみだった宮廷に、一国の王並びに諸侯たちが、ようやく顔を出し始めたのである。

話を戻そう。アンリ・ドゥ・プランタジュネは、まさしく全世界に裏切られた気がしたに違いない。若アンリは二人の弟リシャールとジョフロワまで反乱に誘っていたからだ。歳を重ねるごとに傲慢になるばかりの夫に業を煮やして、この動きに母親アリエノール・ダキテーヌまで加担してきた。

これがルイ七世の狙いだった。活路はナント伯ジョフロワに蜂起を教唆したときから、一貫して内紛を誘発することだった。もとより、些《いささ》かの同盟では太刀打ちできない。「アンジュー帝国」という怪物を食えるのは、「アンジュー帝国」という怪物だけなのである。プランタジュネ家の肉親同士、「アンジュー帝国」の同胞同士を戦わせて、あとは漁夫の利を得るだけでよい。

ルイ七世はノルマンディに出兵した。夏頃にはアンリ・ドゥ・プランタジュネと休戦するが、一一七四年の春には再び決裂して、大掛かりなルーアン包囲に着手している。が、「アンジュー帝国」の主は、ただ幸運なだけの男ではなかった。獅子奮迅の戦いぶりで、次から次と敵を撃退してみせると、ノルマンディにとって返してきたのである。

ルイは包囲を断念せざるをえなくなった。となれば、元の平和主義者に戻るのみであり、今度は仲介役を演じながら、九月二十四日のモンルイ条約で、プランタジュネ家の親子を和解させている。

アンリ・ドゥ・プランタジュネの凄まじい底力は読み違えた。が、相当に苦しめたことも事実だ。内紛を誘発するという方法そのものは間違っていないのだ。ルイ七世は確信したに違いないが、これで時間切れだった。すでに五十代であり、中世の常識では老人の範疇《はんちゅう》である。血気さかんに治世を始めた若王も、不断の緊張に襲われ続けたあげくに疲れた。一一七四年の遠征後は王領の外に出ることがなくなり、そうするうちに老けこみが激しくなり、いっそう病気がちにもなった。その病も七七年から深刻になり、そろそろルイも考えざるをえなくなった。

実をいえば、フランス王とイングランド王の和睦は、まだ成立していなかった。ぐずぐずしている場合ではないと、一一七七年九月二十一日にノナンクール条約を結んだのは恐らく、あとに続く治世に負の遺産を残したくなかったからである。自分は時間切れに終わった。が、ルイは未来に夢を託すことができたのだ。

後継者たるべき男子が欲しいがために、アキテーヌ公領を断念してまで、最初の王妃アリエノールを離縁した。二人目の王妃コンスタンスをカスティーリャ王国から迎えたものの、これも早世してしまった。が、一一六〇年にシャンパーニュ伯家から迎えた三人目の王妃、アデルが六五年八月二十一日に男子を産んでくれたのだ。この「フィリップ・デュー・ドネ（神からの賜りものフィリップ）」と名付けた王子が順調に大きくなっていたのだ。

フィリップの戴冠式は一一七九年十一月一日、ランスで執り行われた。カペー朝の伝統に倣う、父王が存命中の戴冠だったが、息子が当時の成年である十四歳に長じるまでは、意地でも生きてやるのだと、もしかするとルイ七世は最後まで地道に奮闘したのかもしれない。翌八〇年四月二十八日、フィリップがフランドル伯の姪イザベル・ドゥ・エノーという姫君と結婚すると、もうすっかり安心することができたのか、満身創痍《まんしんそうい》の老王は、あとは緩やかな下り坂を転がるような死に向かうばかりだった。

同じ一一八〇年九月十八日、フランス王ルイ七世が崩御したとき、すでに政治は息子を中心に動いていた。フランス王フィリップ二世の偉大な治世は、かくて幕を開けたのである。

5　尊厳王フィリップ二世（一一八〇年〜一二二三年）

月桂冠のイマージュ

歴史上フィリップ二世は「フィリップ尊厳王（フィリップ・オーギュスト Auguste）」と呼ばれる。訳出としては悪くないながら、その意味合いについては、いくらか付言しておくべきかもしれない。

最初に「オーギュスト」と呼んだのが、年代記作者リゴールだ。王が八月生まれだったからだが、それをラテン語で Augustus というのは、古代ローマの初代皇帝アウグストゥスの生まれ月だったことに因《ちな》んでいる。つまりは生まれ月と古の名君をかけた呼称だったわけだが、単に語呂がよいというに留まらず、このアウグストゥス、ひいてはローマ皇帝一般の偶像こそ、フィリップ二世のイマージュになる。

アウグストゥスならぬカエサルと同じ若禿《は》げで、それを隠すために古風な月桂冠をかぶりたかったのだろうなどと、意地の悪い口はきくなかれ。ローマ皇帝というならば、かかる称号を復活させたフランク族の王、つまりはフランク皇帝もフィリップ二世のイマージュだった。年代記作者ギョーム・ル・ブルトンによれば、このフランス王は「カロリード」でもあったからだ。母親アデル・ドゥ・シャンパーニュがカロリング王家の血を引いていて、女系ながら末裔にあたるからには、これでカロリング朝の正統な後継者だとの主張である。また名君シャルルマーニュも一躍カペー朝の守護神に祀《まつ》り上げられる。フィリップ二世の治世からは、シャルルマーニュの武勲詩「ローランの歌」に謳《うた》われた大帝の軍旗、すなわち緋色のサン・ドニ旗こそが、フランス王家の正式な軍旗とされるようになるのである。

フィリップ２世

パリ：国立図書館

　それやこれやは、恐らくは当時としても、大それた真似だったに違いない。不法な簒奪王朝との悪態を黙らせるどころか、下手をすれば周囲の反感さえ買いかねない。が、それを尊厳王は罷《まか》り通らせた。結論から先にいえば、皇帝の再来を自任できるだけの資格があったからだ。辛抱強くありながら、同時に素早い決断力を誇り、熟考に長《た》けながら、ときとみては毅然たる行動力を発揮し、なによりフィリップ二世は綺麗事の平和に安住することのない、小気味よいくらいの野心家だったのだ。

まさに真打ち登場である。実際のところ、フィリップ尊厳王はあとに続く諸王に長く手本とされ続ける、カペー朝のなかでも屈指の名君なのである。その魅力的な生涯を物語るに際しては、いくらか話は前後することになるが、前王ルイ七世の統治末年から手をつけることにしたい。

初仕事

フィリップ二世の統治は、まずまず無難に幕を開けた。無難でないはずがない。カペー朝の伝統で父王が生きているうちに戴冠を果たし、一一八〇年の春頃には王家の正式な文書に付すべき王印まで譲られていたからだ。

満身創痍のルイ七世は実のところ、一一七九年九月に襲われた病で半身不随となり、すでに寝たきりの身だった。まだ助言くらいは与えられるという意味では、共同統治に違いないが、そのまま一一八〇年九月に崩御することを考えれば、フィリップの単独統治という色合いが、日を追うごと強くなるような歳月だったといえる。

いざ父親に死なれても、王座は揺るぎない。仮につけこまれることがあっても、へなへなと折れてしまうようなおとなしい玉ではない。フィリップ二世は単独統治早々、家内の引き締めに乗り出した。

まずはフィリップ一世以来の五大家政官職のうち、主膳長を廃止した。ガーランド家、ロシュフォール家、ショーモン家、モンモランシー家、クレルモン家など、特定家門による独占が半ば慣習となり、本来は譜代として、旗本として、王家の手駒たるべき者たちが、その分を超える政治力を振るいかねなくなったからである。尚書長についても、一一八五年から空位にして、あえて補充することをせず、かかる改革から手をつけた事実からして、若き王の独立心の強さと権力志向が垣間みえる。

とはいえ、どう頑張っても、弱冠十五歳の王にすぎない。全てフィリップ二世の思うがままともいかなかった。叔父にあたるドルー伯ロベールはじめ、まずは王家の身内がうるさい。それ以上に厄介なのは、母方の実家にあたるシャンパーニュ伯家の一党で、ランス大司教ギョーム、シャンパーニュ伯アンリ、ブロワ伯チボー、サンセール伯エティエンヌと、四人の伯父が後見役を任じながら、フランス王の宮廷を我が物顔で闊歩していた。

王妃の身内の専横は、よくある話だ。ルイ七世の存命中から王家に食いこんでいた輩《やから》といえば、またフランドル伯フィリップの名前も挙げなければならない。この有力諸侯は生憎《あい にく》と実子がなかったが、前章末で述べたように、かわりに十歳にもならない姪のイザベル・ドゥ・エノーをカペー家の王子、つまりは後のフィリップ二世に嫁がせ、まんまと王家の姻戚になっていたのだ。王家の代替わりが完了するや、シャンパーニュ伯家の一党にとってかわろうと、腹づもりはみえみえだったのだ。

それでも老練なルイ七世の眼鏡にかなったからには、悪い縁談というわけではなかった。なにせ持参金代わりというのが、北部アルトワ伯領、すなわち、アラス、サン・トメール、バポーム、エールなどの商業都市を包含する価値ある領邦だったのだ。ありがたかったというのも、繰り返しになるが、フランス王家といえども、実力的にはいまだ一地方勢力にすぎなかったからだ。

それだけではない。花嫁となるイザベル・ドゥ・エノーは大帝シャルルマーニュの血を、それもユーグ・カペーと王位を争った低ロレーヌ公シャルルの血を引く女だった。いまだ簒奪王朝とも陰口されるカペー家に、再びカロリング家の血を取りこめる特典までついていたわけだ。

この多くを与えてくれたフランドル伯こそ、フィリップ二世が最初に頼んだ後ろ盾だった。いっそうの強気に駆られるや、父王の存命中に早くも行動を開始して、母親アデルもろとも、シャンパーニュ派を追放に処している。この顚末《てんまつ》を危篤の床のルイ七世は、どのようにみていたのか。あるいは、なにもわからなくなっていたのかもしれないが、いずれにせよ、父親として妻と息子の諍《いさか》いを収めることはなかった。

こうなると、かえって困るのがフィリップ二世である。従順な傀儡《かいらい》でいるつもりはないと、意思表示することが目的だったようで、少なくとも当座はシャンパーニュ伯家を向こうに回して、とことん戦うつもりも、戦えるだけの力もなかった。こちらの宮廷でも、残されたフランドル伯ばかりが強くなるのでは、それこそ自ら進んで傀儡の身に落ちるようなものである。適当なところで和睦しなければならない。ルイ七世に頼めないとなれば、父王にかわる絶対的な仲裁者を探さなければならない。かくて新たに頼んだのが、イングランド王ヘンリー二世こと、プランタジュネ家のアンリだった。

ジゾール会談で依頼されると、その役どころをアンリ・ドゥ・プランタジュネは快く引き受けた。フィリップ二世のために間に立ちながら、一一八〇年六月二十八日にはシャンパーニュ派との和解を見事に斡旋している。天下一の実力者プランタジュネ家の主といえども、主君筋の若者に頼られれば、悪い気はしなかったのだろう。父親には苦しめられた記憶があるだけ、息子のほうは早目に手なずけておきたいと、そうした計算もあったかもしれない。が、ルイ七世の崩御を受けて、いよいよ単独統治に乗り出したフィリップ二世は、だから食えない玉だったのだ。

アンリ・ドゥ・プランタジュネが新たに保護者を気取るようになると、これ幸いとフィリップ二世は、今度はシャンパーニュ派の四兄弟だけでなく、フランドル派、つまりはフランドル伯フィリップや自らの義父にあたるエノー伯ボードワンまで排除しようと動き出した。昨日の敵は今日の友の理屈で、一一八一年五月十四日にはシャンパーニュ派とフランドル派が同盟を結び、これにシャンパーニュ伯家から妃を迎えた縁でブールゴーニュ公ユーグ三世まで加わって、反フィリップ二世を掲げる諸侯同盟を立ち上げた。

今度こそは武力衝突を伴う全面戦争である。フランス王フィリップ二世の実力はといえば、依然として限られている。が、祖父ルイ六世、父ルイ七世が丁寧に整えてくれたおかげと、加えるに自ら引き締めを心がけた甲斐もあって、権力の基盤たるべき家内は安定していた。ブールゴーニュ公ユーグにオルレアンまで迫られたり、フランドル派の軍勢にパリまで二十キロという地点まで進撃されたり、一一八一年は戦い放しの夏になったが、譜代旗本を率いて自ら転戦しながら、そのいずれをもフィリップは見事に撃退したのである。

そうこうしている間に、一一八二年にはイザベル・ドゥ・ヴェルマンドワが死没した。フランドル伯フィリップの細君だが、このイザベルはヴェルマンドワ伯領をはじめ数々の領地を自前の財産として持っていた。それが死後に夫の手に渡りそうになるや、フランス王フィリップは見逃さずに介入した。自分にも相続権があると主張したのだ。

闘争に新たな争点が加えられた。休戦を挟んだあと、一一八四年に戦闘が再開されたが、それも八五年七月のボーヴ条約で終結をみた。額面は和睦ながら、事実上はフランドル伯の敗北だった。同盟を組んでいた仲間を全てフィリップ二世に引き抜かれ、もう戦いを続けられなくなっていたからだ。一時は持参金がわりに姪に持たせたアルトワ伯領まで返せと声を荒らげたものだが、無論かなわなかったばかりか、妻の遺領ヴェルマンドワ伯領のほうまで、アミアンを含む大部分がフランス王家に没収されることになった（地図参照）。

かたわら、パリ北方の要衝をかためて手に入れることができて、フィリップ二世にとっては初仕事の首尾は上々というところだ。領国を拡大して、フランス王家の存在感も単なる一地方勢力から一歩、いや、半歩くらいは出たものになった。もちろん成功はアンリ・ドゥ・プランタジュネの後ろ盾あっての話だが、シャンパーニュ派、フランドル派と、うるさい後見役を綺麗に一掃した手際をみれば、若きフランス王の腹づもりは、すでにして明らかである。

1185年のボーヴ条約でフィリップ２世が得た領地

宿命の戦い

アンリ・ドゥ・プランタジュネとて、殊勝な忠誠を捧げ続ける相手ではない。フィリップ二世にすれば、むしろ逆だ。その打倒は父王ルイ七世に王位と一緒に手渡された、フランス王の使命に同じことなのだ。

でなくとも、持ち前の活発な精神で、臆することなく野心を燃やす、若きフランス王である。北はスコットランド国境から南はピレネ山脈まで、途切れることなく領地を連ねる巨大勢力を、そのまま放任できるわけがない。

まさに宿命の戦いだった。実際のところ、うるさい後見を排して一段落した一一八六年頃から、フィリップ二世の目は俄かにプランタジュネ家に向けられる。

ここで敵状を確かめておこう。まずイングランド王兼ノルマンディ公兼アンジュー伯アンリ・ドゥ・プランタジュネであるが、歴史の表舞台に颯爽《さっそう》と登場した若者も、もう五十三歳になっていた。中世ヨーロッパの常識に照らせば、立派な老人である。息子たちのほうから先立つ者が出るくらいで、長男の若アンリが病気のため一一八三年に、三男のブルターニュ伯ジョフロワが事故のため八六年に、それぞれ亡くなっている。残る息子は次男のアキテーヌ公リシャールと、四男のジャンだけである。

あるいは、まだ二人も残っているというべきか。一門の不和こそアキレス腱という、プランタジュネ家の状況は変わらないはずだった。それこそ突破口と目した故ルイ七世の手管に倣い、フィリップ二世も姉王女アリクスとの婚約を取りつけたリシャールには公然と、またジャンのほうにも密かに働きかけを進めていく。

好機は、それほど待たずに訪れた。一一八八年にリシャールのほうが、父王に反旗を翻したからである。長男の若アンリが没して、家門の総領、つまりはアンリ・ドゥ・プランタジュネの後継者に格上げされた次男は、ならばアキテーヌ公領は弟のジャンに譲ってやれと父親に求められ、とたんに切れたのだ。元を正せば母親アリエノール・ダキテーヌから譲られた領地だ、それを父親の命令で手放す謂《いわ》れはない、アキテーヌ公はアンジュー伯の臣下でも、ノルマンディ公の臣下でも、イングランド王の臣下でもないのだからと、それが拒絶の理由だった。己の立場を正当化するために十一月、リシャールはフランス王こそ本来の主君であるとして、こちらのほうにボンスムーランで臣下の礼を捧げている。

フィリップ二世としては、介入の大義名分ができた格好である。アキテーヌ公リシャールと協同しながら、一一八九年にはアンジュー、メーヌ、トゥーレーヌに進軍を開始する。ここに希代の幸運児アンリ・ドゥ・プランタジュネの命運も尽きた。ル・マンで敗退、さらにアザイを占領されて、逃げ落ちるに二万マルクの金を支払い、ほとんど運びこまれる体《てい》でシノンに入城したところで、愛息子ジャンがフランス王と兄息子の陣営に馳せ参じたことを聞かされる。すでに病身の老王は、これでがっくりうなだれて、そのまま七月六日に死没したのである。

フィリップ二世にすれば、父王の無念を晴らしたことになる。が、それだけといえば、それだけだ。ベリー地方の要衝イスーダンとグラサイは手に入れたが、フランス王として大きく益したわけではない。アキテーヌ公リシャールのほうは、イングランド王兼ノルマンディ公兼アンジュー伯となり、父親のかわりに巨大勢力圏の主となった。この恐るべき相手に手を差し出されれば、ひとまずはフィリップ二世としても握手しておくしかなかった。不本意でも仕方がない。同じキリスト教徒だろうと持ち出されれば、なお戦い続けるわけにはいかない。

東方遠征の気運が再び高まっていた。一一八七年の戦争で、聖地の多くがイスラム教徒の名将サラディンの手に落ちていたからだ。そのまま捨てておくわけにはいかない。赤髯帝と呼ばれたドイツのフリードリヒ一世、尊厳王の名前を持つフランスのフィリップ二世、獅子心王（Coeur de Lion）と恐れられたイングランド王リチャード一世（プランタジュネ家のリシャール）と、ヨーロッパの三大君主が揃い踏みした遠征として有名な、第三回十字軍の始まりだった。

一一九〇年七月、フィリップとリシャールはキリスト教徒の大義のためと手を結び、ともにヴェズレイを出発した。目指すは聖地アッコンの奪還である。が、やはり互いに気に入らない。親しく顔を突き合わせるのも、地中海を横断するまでが限界だったらしい。遅くともシチリア上陸までには不和が生じたろうというのは、そこで両者がフランス王女アリクスの婚約の一件を破棄しているからである。あとは行動も別々だ。

フィリップ二世はアッコンに直行して、一一九一年四月から包囲戦を始めた。リシャールは立ち寄りがてらのキプロス島を征服して、臣下のギイ・ドゥ・リュジニャンを「キプロス王」に仕立てたりしている。焦点のアッコンに到着したのが六月だったが、それからは遅れを取り戻すといわんばかりの猛烈な戦いぶりで、ほどない七月十二日には都市を陥落させている。

これでは先着のフィリップは顔色ない。リシャールという男は、やはり嫌な奴だと吐き捨てたかもしれない。イングランド王とはいうが、女傑アリエノール・ダキテーヌの秘蔵っ子は派手好き、賑やか好き、贅沢好きの浮かれた南フランス気質であり、かつてルイ七世が、自身の妃でもあった母親アリエノールを嫌ったように、その息子をフィリップ二世も好きになれなかったに違いない。

いや、華やかに着飾られたり、貴婦人と浮名を流されたり、あるいは雅《みやび》な詩文を綴られたりするだけなら、まだしも無害というものだが、南フランス気質は戦場にあっては、勇猛果敢な豪胆となって現れるのだ。獅子心王は戦をさせれば、やたら滅法強いのだ。

まったく面白くない。だからと、ふてくされたわけではなかろうが、事実としてフィリップ二世は、アッコン陥落間もない七月三十一日に、もう帰国を決めている。表向きの口上は体調不良というものだったが、真相はフランドル伯フィリップの死去が伝えられたからだろうといわれている。この重要な領邦の相続問題については、主君フランス王として是非にも監督したかったわけだ。

それにしても年末十二月二十七日には、もうパリ帰還を果たしている。なんの用がなくとも、長くは家を空けるべきではないからだ。留守の間に誰が虎の子の領地を狙うか、もとより知れたものではない。ならば、十字軍などに現《うつつ》を抜かす輩は馬鹿だ。戦は天才的なリシャールも、政治のほうは三流以下だ。そんな風にフィリップ二世は、あるいは頬に冷笑を浮かべていたかもしれない。

引き続き聖地エルサレム奪還のためと転戦しながら、リシャール・ドゥ・プランタジュネの東方滞在が一年、また一年と長引いていた。あげくがイスラム勢力に捕虜に取られたというのだ。これに乗じない手はないとばかりに、こちらの西方でフィリップ二世は直ちに軍勢を動かした。一一九三年の夏を費やしながら、リヨン・ラ・フォレ、ヌーフル、ジソール、オマール、ウー、グールネイ、ムラン、ペルシュ、シャトーヌフ、ラ・ヴォードルイユ、ヴェクサン、ディエップ、エヴリューと、ノルマンディ各地の占領を進めながら、かかる既成事実を背景に働きかけた相手が、プランタジュネ家の末弟ジャンだった。ノルマンディからモルテン伯領、あとはイングランドに六伯領と、それしか兄に与えられず、鬱積した不満は察するまでもなかった。ルーアンを除くセーヌ以北のノルマンディ、ならびにヴェクサン、エヴリュー、トゥール、ロッシュ、アンボワーズ、モンリシャールを正式に割譲してくれるなら、主君フランス王の名においてアンジュー帝国の後継者に任じてやると囁けば、もう九四年一月には秘密の約定も取り交わすことができた。

であれば、それは驚愕の報だった。三月、リシャールが帰還したというのだ。イングランドに上陸した兄を迎えて、ジャンは早々に降伏した。占領事業も仕上げとばかりに、ヴェルヌイユを包囲していたフィリップ二世は、大慌てで兵団に回れ右を命じた。取り急ぎ衝突は回避したかったわけだが、猛追の獅子心王にあっさり追い詰められてしまう。

七月三日、とうとう合戦を仕掛けられたのが、ヴァンドーム地方のフレトヴァルだった。この戦いでフィリップ二世は、金庫や公文書の類まで戦場に捨てておいて、なにはさておき逃げ出さなければならないくらいの大敗を喫した。戦をやらせれば、やはりリシャールは滅法強い。奪ったはずの城が、どんどん取り返されていく。ならばと交渉に切り替えても、すでに戦況の悪化は挽回の術《すべ》もない状態だった。一一九六年、ガイヨン条約で和睦したとき、かろうじて確保したジソールを唯一の例外として、フィリップ二世は占領地の全てをリシャールに返還しなければならなかった。

大荒れの私生活

ツイていないと、それがフィリップ二世の呻《うめ》きだったかもしれない。なにからなにまで、あの女のせいなのだと、あるいは声を荒らげることさえしたかもしれない。

王の私生活に目を向ければ、王妃イザベル・ドゥ・エノーが一一九〇年に亡くなっていた。男やもめが再婚をためらう理由などないわけで、フィリップ二世は一一九三年に、デンマーク王クヌート六世の妹、インゲボルグ王女を新しい王妃に迎えた。十字軍を引き揚げて間もない頃の話で、狙っていたのは打倒リシャール・ドゥ・プランタジュネである。ヴァイキングにはヴァイキングでないながら、イングランド王兼ノルマンディ公として、海軍力にも秀でた相手に立ち向かおうと思うなら、北海の雄デンマーク王との同盟は、ありがたいばかりだったのである。

問題は、かくて嫁いできた王女自身にあった。いや、あらかじめ断りを入れておくならば、インゲボルグが悪いわけではない。しばしば歴史に登場するような、悪女でも、烈女でも、淫婦でもない。性格が曲がっているわけでも、容姿が醜いわけでさえなく、はっきりといえば、ひとつとして落ち度がない。が、それだけに男にとっては、最悪の相手だったといえるかもしれない。

伝えられる逸話は、こうだ。八月十四日、デンマークから輿入《こしい》れした花嫁を、フィリップ二世は司教座都市アミアンで迎えた。すぐに結婚式を挙げ、そのまま初夜となるのは夫婦の習いである。が、ここで王は顔面蒼白になった。あえて言葉を濁さずいえば、駄目だった。若禿げと揶揄《やゆ》されるほどであれば、決して弱くはなかったと思われるのに、である。経験に乏しいわけでもなく、それどころか前の王妃に産ませて、すでに二人も子供がある二十八歳の青年王ともあろう立派な男が、である。

フィリップ二世が萎《な》えた理由はわからない。疲労心労が募っていたのか。インゲボルグの落ち度のなさが、かえって問題だったのか。つまりは冒しがたいくらいに美しかったのか。北欧系といえば、透き通るばかりに色白で、しかも金髪碧眼《へきがん》の美女が相場だが、と同時に多分に大柄である。こちらは小柄とも伝えられている王であり、かかる肉体的なコンプレックスが、知らず男性を萎縮させてしまったのか。どれだけ解釈に踏みこんでも、真相はわからない。ただ間違いないところ、当時としても面目ない話だった。

事実、フィリップ王にも隠そうとした形跡がある。なにごともなかったかのように、翌八月十五日にはランス大司教の執式で、インゲボルグをフランス王妃に戴冠させているからである。が、それが我慢の限界だった。アミアン大聖堂を出るや、すぐさま王は家臣団を集結させた。面々に告げたことには、新妻を離縁して、デンマークに送りかえすと。インゲボルグは悪魔に取り憑かれた魔女であり、そのせいで自分は果たせなかったからだと。

そんな馬鹿なと、もちろん周囲は主君を諫《いさ》めた。たまたまという話もあると説得され、一ヵ月後に再挑戦してみたが、やはり思いは果たせなかった。いよいよ事態は深刻である。十一月五日、フィリップ二世は聖俗家臣団をコンピエーニュに再び召集した。インゲボルグとは非常に近い血縁があり、ゆえに結婚が禁じられている関係であることが判明した、などと適当な理由を設けて、結婚の無効取り消しを宣言するためだった。が、どんな理由を設けたところで、はたまた相手をトゥールネ近郊シソワン修道院に閉じこめ、顔をみなくて済むように取りはからっても、根本的にはなんの解決にもならない。それどころか、なにを、どう試みても、王は落ちこまざるをえない。なにせ問題が問題なのだ。

いや、だからこそ自信を取り戻したいのだと、打倒リシャール・ドゥ・プランタジュネの旗を揚げても、前にみたような大敗を喫してしまう。いったん落ち着いてみよう、少し時間を置いてみようと、気持ちの切り替えさえできないまま、再起の第一歩として手がけたのが、新しい花嫁探しだったというから、いよいよ悪循環スパイラルである。

もがけば、もがくほど、うまくいくはずがない。フランス王の結婚の話であれば、すでに噂は広がっていた。となれば、不能の疑いがある男に、娘を嫁がせたい親などいるはずがない。諸国の王侯は無論のこと、フランス国内に求めても、邪険に断られるばかりだ。ドイツまで探しまわって、ようやく迎えた新しい王妃がアニェス・ドゥ・メラニーという、一介の領主の娘でしかない女だった。

イングランド王リシャールに打ち負かされ、一月に屈辱的なガイヨン条約を強いられたばかりという、一一九六年六月の話である。まさに人生のどん底にあって、辛くも救いはもたらされた。フィリップ二世は夫として、今度は義務を果たすことができたのだ。

やはり嬉しかったのだろう。ずいぶん励んだのだろう。アニェス・ドゥ・メラニーは立て続けに二人子供を産むことになっている。よし、ようやくツキが戻ってきたと、王は政治生活にも再び腰を入れるのだが、どうやら仕事と女は関係がなかったらしい。

一一九七年夏、ドイツの神聖ローマ皇帝オットー四世を後ろ楯に、フランドル伯ボードワン、ブーローニュ伯ルノー、ブロワ伯ルイ、さらにトゥールーズ伯レイモン六世らが同盟を結んで、フランス王家に反旗を翻した。サン・トメール、エール、トゥールネと決起されて、フランドルに軍を派するも、フィリップ二世はイープルの戦いで負けてしまう。一一九八年九月、皇帝オットーの母方の伯父にあたるという事情から、リシャール・ドゥ・プランタジュネまでが戦場に出てくれれば、クールセルの戦いで再び敗退を強いられる。ツキが戻ってきたわけではない。もとより、なんの関係もない。いや、やはりツイてきたのか。やや経過した一一九九年には、かなり嬉しい展開に運んでいる。相次ぐ敗戦を受けて、フィリップ二世は手を替えていた。「アンジュー帝国」の有力諸侯アングーレーム伯、リモージュ副伯に働きかけて、反乱を教唆したのだ。これにリシャール・ドゥ・プランタジュネは手を焼いた。というより、甘くみて、不覚を取った。リモージュ副伯のシャリュ城を包囲中のこと、ろくろく具足も固めずに前線を視察して、弩の矢を首と肩の間に受けてしまったのだ。これが致命傷となり、四月六日、そのまま命を落としてしまう。

リシャールの王位を継いだのが、暗愚な弟ジャンだった。これなら手玉に取れると、フィリップ二世は五月に、故王の甥にあたり、王位継承権者のひとりでもあるブルターニュ伯アルテュールと同盟を結ぶ。これを圧力に用いて、あとはジャンを追い詰めていくだけだ。やはりツイているのだ。そう思いたい気分は山々だったろうが、棚から牡丹餅の、ちゃっかりした了見が、そのまま罷り通るほど、世の中は甘くはない。

征服王フィリップ

思いがけない一打はローマ教皇庁から加えられた。一一九九年十二月、フィリップ二世の破門とフランス王領における聖務停止が宣告されてしまったのだ。破門はわかるとして、聖務停止とは読んで字の如く、キリスト教の聖職者の活動を全て停止させる処置のことである。それがなんだと思うのは現代人の感覚で、当時はキリスト教が人々の日々の生活全般を司《つかさど》っていた。例えば、洗礼、結婚、臨終等々の秘蹟だ。それぞれが今日にいう出生届、婚姻届、死亡届であり、つまり当時の教会は役所の機能も兼ねていたのだ。

でなくとも、由々しき事態である。臨終の秘蹟ひとつ取り上げても、それが行われなければ、もう葬式が挙げられない。死体が腐り始めても、墓地に埋めることさえできない。フランスの日々の生活が麻痺するのは必定《ひつじょう》だった。これほどの厳罰を与えられたのは、なぜか。実のところ、フィリップ二世は私生活のトラブルを解決したわけではなかった。夫婦の営みを遂げられたとか遂げられなかったとか、自信を回復したとかしないとか、そんなものは男の側の問題にすぎない。いずれにせよ、女はたまったものではない。ましてや、女の家族が黙っているはずがない。

一方的に離縁を宣告されて、納得できない王妃インゲボルグとその実家デンマーク王家は、フランス王の仕打ちは不当とローマ教皇庁に訴えていた。一一九六年三月十三日、教皇セレスティヌス三世はフィリップ二世に訓告を下し、正式な王妃が生きている間は別な相手との結婚を禁じるとした。インゲボルグに結婚を無効とされる理由はなく、したがって今も唯一の正しいフランス王妃であり、愛人にすぎないアニェス・ドゥ・メラニーは直ちに遠ざけるべしと、それからも教皇庁は何度も注意を繰り返した。が、こちらの王は聞こうとしなかったのだ。

これに業を煮やしたのが、代替わりした教皇インノケンチウス三世、歴史に「大教皇」と呼ばれる傑物だった。フランス王に甘くみられたままで済ませるものかと、とうとう強権を発動したというのが、一一九九年十二月の処分だったわけだ。

まさに前途多難、ところが今度のフィリップ二世は慌てず騒がず、じっくり構えて問題解決の術を探した。自信さえ回復すれば、土台が希代の政治巧者なのだ。一二〇〇年九月、王はアニェスを遠ざけ、インゲボルグを元の王妃の座に戻すと約束して、まずはインノケンチウス三世の怒りと王領の聖務停止を解いた。その上で教皇庁に結婚の無効取り消しを改めて訴え出たのだ。きちんと独身に戻った上で、そなたを非の打ちどころのない王妃にしてさしあげようと、かたやのアニェスにも納得させたフィリップ二世だったが、それも一二〇一年には取り下げてしまう。というより、あえて続ける理由がなくなった。三度目の御産が重かったため、アニェスが亡くなってしまったからだ。

となれば、形ばかりインゲボルグを正式な王妃と認めるくらい、今や苦痛でもなんでもない。男として自信を取り戻しさえすれば、それくらいの割りきりができない王ではない。死んだアニェスのほうは報われないようだが、こちらはこちらで二人の子供を教皇庁に王の嫡子と認めてもらっている。アニェスが王妃でないならば、子供は庶子だ。が、子供が嫡子であれば、またアニェスも日陰者ではない。やや苦しい論法ながら、頭の固い坊さん連中を向こうに回して、これだけの譲歩を引き出し、苦しい時期を支えてくれた女に報いたというのだから、さすがにフィリップ二世は政治家なのである。

向こうのインノケンチウス三世としても、宿敵であるドイツの皇帝との闘争を制するためには、後ろ盾を頼める世俗権力の存在は欠かせない。フランス王の好意ならば、まさに喉から手が出るほど欲しい。その弱味に目をつけて、抜かりなくつけこむところ、やはり王は手練《てだれ》だったのだ。

打倒プランタジュネ家の算段に戻ろう。「アンジュー帝国」は末弟ジャンが継いだ。これを牽制するために、フィリップ二世はジャンの甥で、イングランドの王位継承権者のひとり、ブルターニュ伯アルテュールと同盟したが、ここでローマ教皇庁と敵対関係に入り、一気の攻勢をかけられなくなった。それどころか、インノケンチウス三世と揉めている間は、どちらにも中立の立場でいてもらわなければならなかった。

フィリップ二世の選択は、いったん両者と和睦するというものだった。ブルターニュ伯とは距離を置き、かわりにジャンに近づいて、一二〇〇年五月二十二日にグーレ条約を結んだのだ。イングランド王兼ノルマンディ公兼アンジュー伯兼アキテーヌ公と認め、ブルターニュに関する宗主権まで承認する見返りとして、フィリップ二世はヴェクサン、エヴリュー、イスーダンの三要地と二万マルクの現金を手に入れ、プランタジュネ家の大陸領土に関する自らの宗主権も認めさせた。長子ルイとジャンの姪ブランシュ・ドゥ・カスティーユの縁談も決めて、和睦を固いものにしながら、王は性急な解決には逸《はや》らなかった。どっしり構えて、あとは好機を待つのみだ。

ありがたいことにといおうか、新たに「アンジュー帝国」の主となったジャンは、一種の人格破綻者だった。こちらが策を講じなくても、勝手に問題を起こしてくれる。

アングーレーム伯家の女相続人イザベルは、ラ・マルシュ伯ユーグ・ドゥ・リュジニャンの婚約者になっていた。ともに帝国の中核である北アキテーヌの有力家門であり、その関係で夜会かなにか催されたことがあったのだろう。宴席のイザベルを横恋慕で見初《みそ》めたのが、ジャンだった。気に入ったとなれば人格破綻者のこと、すぐさま自分のものにしなければ気が済まない。女を文字通りに攫《さら》い、そのまま結婚式を挙げたのが、一二〇〇年八月二十四日の話だった。

ラ・マルシュ伯は当然収まらない。早速抗議を試みたが、主君たるアキテーヌ公になんたる口の利き方かと、ジャンは取り上げようともしない。ならばと、ラ・マルシュ伯が改めた訴え先がパリだった。封建社会の序列をいうなら、アキテーヌ公も主君たるフランス王には逆らえないはずだからだ。

こちらのフィリップ二世としては、まさに渡りに舟だった。事情を聴取するからパリに出頭せよと伝えたが、出鱈目なジャンは無視して捨てた。いよいよもって好機到来であり、一二〇二年四月二十八日、フィリップは封主の資格で封臣ジャンを忠誠義務違反と断罪した。その量刑は領地の没収である。もちろん没収するといわれて、はい、どうぞとジャンが差し出すわけもなく、それから先は実力の論理になる。戦端を開くための大義を、フィリップは労せず手に入れたのである。

六月、フィリップはノルマンディ公領に侵攻した。ウー、オマール、ドリアンクール、リヨン・ラ・フォレ、モルトメールと押さえて、セーヌ河の南に磐石の構えを敷くや、いよいよ北岸に侵攻、グールネイ、アルクと進んでいく。従来の境界紛争を超えた、明らかな侵略戦争だった。同時に同盟関係を蘇らせて、ブルターニュ伯アルテュールには、アンジュー方面に進軍させる。が、こちらはプランタジュネ家のアンジュー主膳長《セネシャル》ギョーム・デ・ロシュに打ち破られ、ミルボーで囚われの身に落ちてしまった。ジャンは甥の身柄をファレーズ、ルーアンと転々とさせたあげく、一二〇三年四月に惨殺してしまう。年代記作者ギョーム・ル・ブルトンによれば、自ら剣を握っての殺害だったという。

己の地位を脅かしかねないなら、血縁とて始末しなければならない。当然の理屈なのかもしれなかったが、やはり酷い、あまりに卑劣だと、ジャンの処断は世の反感を招いた。主君を殺されたブルターニュは無論のこと、明日は我が身かもしれないと、アンジュー、ポワトゥー、ノルマンディといった「アンジュー帝国」の内部からも在地貴族の離反が相次いだ。裏を返せば、フランス王フィリップ二世には味方が増えた。またジャンは勝手にやってくれたのだ。

アンジュー主膳長ギョーム・デ・ロシュまで引き抜きながら、まさに千載一遇の好機と、おりからの攻勢に拍車をかける。デ・ロシュにアンジュー、メーヌと制圧させながら、フィリップ自身は九月、いよいよノルマンディ最大最強の要衝ガイヤール城の包囲に着手、これを翌一二〇四年六月までかかって陥落させた。そのままノルマンディ公領の征服を完了し、これで「アンジュー帝国」もロワール河以北は全て手に入れたことになる。残すはロワール河以南になるが、これも〇四年のうちに、ポワティエ、サントンジュ、ラ・ロシェルと要地を押さえて、事実上の支配を打ち立てた。

しかしながら、この北アキテーヌは先のラ・マルシュ伯にみるように、何人かの大領主が宗主をも凌ぐ権勢を誇っている土地だった。アキテーヌ公も煙たいが、フランス王とて心底から歓迎するわけではない。

一二〇六年、ポワトゥー主膳長エイムリ・ドゥ・トゥアールの裏切りで、ラ・ロシェルが再びジャンの手に渡る。フランス王家が北アキテーヌに行使する支配は、これで相対化されてしまう。ロワール河以南の征服は将来の課題となる。

とはいえ、なお巨大な戦果だった。141ページの地図で確かめていただきたいが、ノルマンディ、トゥーレーヌ、アンジュー、メーヌと、「アンジュー帝国」に従属していた土地を次から次と征服することで、フィリップは自らのフランス王領を一気に三倍に増やしたのである。別に「征服王」とも呼ばれる所以なわけだが、もちろん、そう簡単には勝ち逃げさせてもらえない。

内政の充実

征服した土地からして、ただ分捕れば終わりではない。それを今度は維持管理していかなければならない。王領が飛躍的に増えたなら、それだけ新たな工夫にも迫られる。

従来のフランス王家は領地をプレヴォ（領地代官）を通じて治めていた。その各地に派遣されたプレヴォだが、伯領を十いくつ程度しか持たなければ、その全てを王家自らが監督することもできた。が、もはやフランス王家の土地はパリとオルレアンを連絡する、細長い回廊だけではなくなったのだ。アルトワ、ヴェルマンドワ、さらにノルマンディ、トゥーレーヌ、アンジュー、メーヌと、一気に増えてしまったのだ。各地にプレヴォを配置するのは同じでも、今や六十人を超えるその全てを監督するのは手に余る。頂点の王と末端の代官を媒介する、いわば中間管理職が必要になる。フィリップ二世が設けた新たな地方官僚が、バイイ代官、そしてセネシャル代官というものだった。

バイイという語が初めて登場したのは、一一八四年だった。王の統治初年における新たな領地獲得だけで、すでにプレヴォの数は従来の三十二人から五十二人に増えていた。中間管理の必要が生じ、かくてバイイ代官の制度が導入されたわけだが、このときは王領内を巡回して、各地のプレヴォを監督するという、いわば視察が専《もっぱ》らの仕事だった。が、かかるバイイも、ほどなく固定した管轄管区を与えられるようになる。

一説によれば、手本にしたのが、好敵手のプランタジュネ家が支配していたノルマンディ公領の制度だった。ひとつの領邦としては広大な部類に入る公領は、かねてコタンタン、カン、コー、ルーアン、エヴリュー、ジソールの各区を管轄する六バイイを通じて治められていたのだ。それをノルマンディにおいて、そのまま存続させたのみならず、フィリップ二世はフランス王家に服属する他の領邦についても、アミアン・バイイ、ヴェルマンドワ・バイイというように置くことで、地方行政の新たな鍵としていったわけである。

かたわら、ロワール河以南の王領において、バイイに相当した中間管理職が、セネシャルだった。これまた、プランタジュネ家の置き土産といってよいかもしれない。いや、かねてフランス王家においても、その宮内官職に主膳長《セネシャル》と呼ばれる、広範な権限を与えられて、王の名代然と振る舞える役人がいた。それはアンジュー伯家も、アキテーヌ公家も変わらず、領邦支配の要《かなめ》となっていた。それをフィリップ二世は「アンジュー帝国」を併合した後も温存した。アンジューのセネシャルなど、ギョーム・デ・ロシュという中身の人間まで留任したくらいだ。ただ意味合いだけ、独立した領邦君主の宮内官職から、王家に服属する土地の地方官僚へと変えたのである。

余談ながら、ノルマンディでも全体を管轄したのは、古来ノルマンディ公家の主膳長だった。これを王家が併呑《へいどん》したとき、一管区とするには広すぎると判断して、より小さな管区を受け持つ下役のバイイのほうが選ばれた。この呼称が地方行政の要となるべき官僚として、ロワール河以北の他の王領における それにも採用されていく。反対にロワール以南の領邦はノルマンディほど広くなく、したがって細分化する必要もなかった。領邦そのままをセネシャル管区としても、バイイ管区より多少は大きくなるとはいえ、それほど決定的な違いはあるまいということで、セネシャルがバイイと同等の地方官僚になっていったのだ。

本来は宮内官僚である主膳長が、地方官僚セネシャルに転じたならば、かたわらで中央が手薄になるのは当然である。これを補強するべく、フィリップ二世は国王会議《クリア・レギス》の改革にも取り組んだ。後に顧問会議《コンセイユ》となるべき、ときどきの政治対応を協議する閣議機能と、日常的な王国行政を司る官庁機能を分離させたのである。

後者の端的な例を挙げれば、まず財政が国王会議から独立した。フィリップ二世は王家の財務運営を、十字軍から引き揚げていた神殿騎士団に一任し、その僧院に地方から監査されるべき会計簿を提出させたのだ。これが会計監査院の始まりになる。さらに司法も国王会議から切り離され、ほどなく高等法院として自立的な組織を構える定めだが、それは尊厳王の御世には果たされない、孫のルイ九世の時代の話になる。

ただ会計監査院も、高等法院も、いずれも設置された場所はパリだった。当たり前のように聞こえるかもしれないが、いまだパリは首都でもなければ、宮殿が置かれた唯一の都市でもなかった。あちらの城からこちらの城と、領内を常に移動しているのが王家の在り方なのであり、したがって首都という感覚そのものが薄い。それを改め、パリに将来の都たるべき必然性を整えていったのが、他でもないフィリップ二世だったのである。

王によるパリの特別扱いは、即位間もない一一八〇年から確認される。大学都市として発展の途にあったところ、王家の支出で「十八学寮」を建立したからである。続く八三年には商業振興策としてレ・アル市場を新設し、八六年には泥の道に石畳を敷くという舗装工事を進めている。仕上げが九〇年に始まるパリ城壁の普請事業なのである。

中世都市は基本的に城塞であり、周囲を城壁で守られていた。パリも多分に洩《も》れなかったが、従来の城壁は古代ローマ時代の遺物に手を加えたものにすぎず、その規模も約千アールの城内を囲める程度だった。比べるほどに、フィリップ二世の普請は桁が違う。厚さ三メートル、高さ十メートル、直径六メートルの円柱塔を六十七基と連ねる新しい城壁は、その総延長五千三百メートルをもって、約二万五千アールの城内を取り囲んだのである。

北にサン・ドニ門、東にサン・タントワーヌ門、西にサン・トノレ門と築いて、因《ちな》んで現在も通り名などに残る、馴染みのパリの地名が現れ始める。サン・トノレ門を守る出丸として、城壁の外側に建てられた城砦が、今に美術館として伝わるルーヴルである。その建設もフィリップ二世の仕事だ。一一九四年七月三日、フレトヴァルの戦いでリシャール獅子心王に敗走させられたとき、あまりに慌てた王は金庫と文書を置き放しで紛失した。こんな屈辱は二度と御免だ、以後は携行することなく、ひとつところに保管しておきたいと、かくて造られた難攻不落の根城こそルーヴルの始まりだったのだ。

都市といえば、フィリップ二世が関心を示したのはパリだけではなかった。首都とか、中心とかの感覚が、萌芽の段階にすぎないにせよ出てくるならば、かたわらで地方とか、辺境とかの感覚も生まれてくる。というより、他人の中心都市を取り上げ、無理にも自らの地方都市に変えようとした。フィリップ二世が熱心に取り組んだのが、自治都市《コミューン》との連携だった。国王証書で自治権を認め、それと同時に都市に封建領主相当の法人格を与えながら、自らとの間に一種の主従関係を結ばせる政策だが、これを熱心に推し進めたのが、フランドル伯領、シャンパーニュ伯領というような領邦においてだったのだ。

いいかえれば、フィリップは他人が治める土地に手を出した。いや、領内にあっても都市は単なる不動産ではないだろうと、法人格なのだから誰と結ぶも勝手だろうと、そういう理屈で諸侯たちの勢力圏を侵食し、その実力を削ごうとしたわけである。もちろん、同時に自らには力になる。都市の側でもフランス王を後ろ盾に、諸侯の横暴を排除することができるわけで、そのためだからと金も出せば、兵も出す。かかる新しい局面は、フィリップ二世が演じた最大の戦い、ブーヴィーヌの戦いにも確かめられるものである。

ブーヴィーヌの戦い

フィリップ二世が内政に力を入れたのは、そうそう簡単には勝ち逃げが許されないからでもあった。簡単に引き下がる敗者など滅多にない。大抵の場合は報復を試みる。

いや、話をプランタジュネ家のジャンに限定するならば、報復などしようがないようにみえた。フランス王国内の領邦はあらかた奪われ、仕方なくイングランドに逃れるも、その転地で破綻した人格が更生するでなく、端的にいえば再びの揉め事なのだ。一二〇七年、新しいカンタベリー大司教の選出に異議を挟んで、王国の教会勢力を敵に回してしまったのだ。

訴えにより、ローマ教皇が調停に乗り出したが、それもジャンは無視してしまう。ために一二〇八年にはイングランド王国に聖務停止の措置が取られ、一二〇九年にはジャン自身の破門に運んだ。いよいよ絶体絶命の危機だというのは、激怒の教皇インノケンチウス三世が廃位まで宣告し、イングランドの王冠をフランス王フィリップ二世に与えるとも声を大きくしたからである。

フィリップ二世にすれば、渡りに舟の好機到来だった。フランス王の資格では手を出せない、イングランド王国という「外国」にも、ローマ教皇のお墨付きがあれば、堂々と乗りこむことができる。徒《いたずら》な野心に駆られるのでないとしても、逆襲を画策しかねない因縁の相手の息の根を先制攻撃で止められるとなれば、これを見逃す手はないのだ。

一二一三年四月八日、フィリップ二世はソワソンに王国の有力者を召集し、息子である王太子ルイを対岸の王位に就ける計画を発表した。同時に軍勢の集結を急ぎ、あの悪夢の王妃インゲボルグを閉じこめていた修道院から呼び戻すことまでした。海を越えて、イングランドに上陸するためには、艦隊が必要だったからだ。それも大軍を運ぶからには、半端な数では足りない。フランス王家で全て賄《まかな》えないならば、王妃の実家のデンマーク王家から、いくらかは出してもらわなければならないという理屈だ。

船は全部で千七百艘を数えた。出航準備も万端整い、五月二十二日、あとは碇綱《いかりづな》を切るばかりという時局に届けられたのが、プランタジュネ家のジャンとローマ教皇インノケンチウス三世の電撃和解の報せだった。

なんでもジャンはイングランドとアイルランドを、恭《うやうや》しくローマに差し出したのだという。いいかえれば、イングランドとアイルランドを教皇領にしてしまった。向後は教皇を封主と仰ぎ、自分はその封臣として知行するだけだとはいいながら、要するに実効支配は変わらず続けるつもりなわけで、ジャン一流の言葉遊び、つまりは常軌を逸した言葉遊びにすぎない。が、それをインノケンチウス三世は喜んだのだ。

両者の和解は五月五日の話だった。ローマ教皇はフランス王にイングランド遠征の中止を求めた。フィリップ二世は従わざるをえなかったが、百戦錬磨の強《したた》か者も此度ばかりは暴れる感情を御《ぎょ》しきれず、ローマの意向を伝えた教皇特使に向かっては、さすがに声を荒らげたという。

「この戦争は朕が始めたものではない。使徒の聖座の聖下の命令で始めたものではないか。それでも朕は、すでに六万リーヴルもの戦費を注ぎこんでいる。この損失に埋め合わせがつくまで、戦を止めることはないであろう」

そう凄んで、なおイングランドに渡ることはできない。フィリップ二世は仕方なく、矛先をフランス王国内のフランドルに向けた。フランドル伯フェランにジャン・ドゥ・プランタジュネと内通していた節がある。封主として忠義に欠いた封臣を討たなければならない。かかる大義を掲げて軍を進めるも、その伯に思わぬ反撃に出られてしまう。フランス王が用意した例の艦隊は、ダムの海戦で壊滅状態に追いやられ、辛くも生還した若干の戦艦とても、敵に奪われる恐れがあるため、自ら破壊せざるをえなくなったのだ。

フランドル伯のところには、ブーローニュ伯と、さらにイングランド王からの加勢が来ていた。人格破綻者であるとはいえ、野心がないわけではない。むしろ人一倍に我が強く、敵に譲るなどという頭はない。プランタジュネ家のジャンは実のところ、精力的な外交を展開していた。一二一二年までにフランドル伯フェラン、ブーローニュ伯ルノーを抱き込み、相互の攻守同盟を取り結んでいた。これに無体な戦を仕掛けたというのだから、さすがのフィリップ二世も痛い目をみざるをえなかったが、あちらのフランドル伯も一三年のうちにイングランド王に忠誠宣誓を捧げた、つまりはフランス王など主君と認めないと公言したのだから、これまた大それた一手に訴えたものではある。

あるいはフランス王など怖くないと思うのは、こちらにはドイツ王がいると思うがゆえだったかもしれない。ドイツ王オットー・フォン・ブランズウィックこと、神聖ローマ皇帝オットー四世は、母親がプランタジュネ家の出である関係から、ジャンには甥にあたるという素性だった。とすると、血は争えないということか、こちらも伯父よろしくの問題児で、教皇庁に一二一〇年、一一年と二度も破門を宣告されていた。のみかインノケンチウス三世は別のドイツ王を立てた。一二一二年、マインツで戴冠した十五歳の少年はホーエンシュタウフェン家のフリードリヒこと、フリードリヒ二世である。これをフィリップ二世は支持した。当然オットー四世は面白くない。仮に伯父ジャンの誘いがなかったとしても、フランス王なら是非にも倒したいところだったろう。

プランタジュネ家のジャンは労せずして、自らの同盟に皇帝オットー四世という大きな旗頭を加えることができた。皇帝に誘われて、ブラバント公ハインリヒをはじめとするロレーヌ地方の諸侯、有力領主までが馳せ参じた。

軍勢が一堂に集められたのが、フランドルの都市ヴァランシエンヌだった。そこでは主な面々で会談も持たれ、フィリップ二世の廃位とフランス王国の分割を、大真面目で相談したと伝えられる。話題にされたフランス王はといえば、なお少なからぬ軍勢を率いながら、フランドル伯領内に展開中であるにもかかわらず、である。

勝算はあると考えられていた。そのときプランタジュネ家のジャンは、まだイングランドにいたからである。画策されていたのは、南北両面作戦だった。すなわち、皇帝オットーが率いる軍勢はフランス北東部フランドルから、ジャンが率いる軍勢はイングランドから海路で回り、南西部ポワトゥーから、それぞれに侵攻を開始して、その中間に展開しているフランス王を、挟み撃ちにしようというのである。

一二一四年が明けて間もなく、大戦は動き出した。逸《はや》るような先手は、やはりイングランド王だった。二月十六日、ジャンはフランス大西洋沿岸の港町ラ・ロシェルに上陸を果たすと、宗主プランタジュネ家の名乗りで、ポワトゥー、サントンジュ、アングーモワ、リムーザン諸地域の貴族たちを糾合せんと試みた。かかる動きを報じられ、フィリップ二世は急ぎフランドルから切り返した。が、ベリーから先には進まなかった。いや、進めなかったというべきかもしれない。いうまでもなく、背後のフランドルからも皇帝オットーの軍勢が迫り来ていたからである。

ここでフィリップ二世は自軍を二つに分けた。王太子ルイに半分の兵力を預けると、おまえひとりで敵を退けてみせよとばかりに、南に送り出したのだ。王太子ルイは七月二日、アンジェ郊外で敵の姿を捉えた。プランタジュネ家のジャンは自らに平伏しない要衝のひとつ、ラ・ロシュ・オ・モワーヌ城を包囲しているところだった。が、ここで人格破綻者は、さすがといおうか、ちょっと信じられないような行動に出る。緒戦で旗色が悪いとみるや、さっさと退却したのである。数年がかりで同盟を整え、あげくに南北両面作戦という大戦を企てておきながら、その全てをあっけなく投げ出してしまったのだ。

こちらのフランス王家はといえば、まるでブレがない。フィリップ二世は息子からの戦勝報告を、再度のフランドル進軍中に聞いた。南は片づいた。あとは北だけだ。そうやって、いっそう士気を高くしながら、王の自信は揺るがなかったに違いない。

陣容は悪くなかった。祖父王ルイ六世、父王ルイ七世と続けられた地固めが生きていた。イール・ドゥ・フランス地方の領主貴族、フランス王家の譜代といった面々は、マテュー・ドゥ・モンモランシー、アンゲラン・ドゥ・クーシー、バルテルミ・ドゥ・ロワ、ゴーティエ・ル・ジェヌ、ジャン・ドゥ・ルーヴレ、ギョーム・ドゥ・ガーランド、ギョーム・デ・バール、ガストン・ドゥ・モンティニィと馳せ参じて、その日も軍団の頼れる中核をなしていた。

世に聞こえた征服王だけに、もちろん他の地域からの出馬も少なくない。従兄弟のドルー伯ロベールは当然として、オーセール伯ピエール、ソワソン伯ラウル、ボーモン伯ジャン、サン・ポル伯ゴーティエ、ギーヌ伯アルヌール、バール伯アンリ、ムラン副伯ジャンと、各地の豪族たちが名を連ね、これに王国諸侯の筆頭格、ブールゴーニュ公ウードまでが加わった。ランス大司教ギョーム、ボーヴェ司教フィリップ、東方で病院騎士団に属した経験から、軍師的な役目も担うソワソン司教ゲランと、高位聖職者たちも鎧兜《よろいかぶと》で馳せ参じている。アルトワ、ピカルディ、ソワソネ、ティエラシュからは、かねて結びつきを強めてきた都市勢力が、民兵隊を送り出してきた。

なんだか、「フランス王」の軍勢みたいだ。王冠をかぶるとはいえ、中身は数多勢力のひとつにすぎない、カペー家の軍勢とは思われないというのだ。

もちろん、現実は厳しい。ブーローニュ伯やフランドル伯は皇帝オットーの戦列にあり、しかも後者などはフランス王を主君と認めず、イングランド王に鞍替えしている。フィリップ二世は軍を進めたトゥールネで、市内の教会に主だった者たちを集めた。祭壇に王冠を置き、次のように問いかけた。

「もし諸君のなかの誰かが、この王冠をかぶるに朕より相応《ふさわ》しいというならば、ここで申し出てほしい。そのものに朕とて服従を誓おう。そうではなくて、朕こそ資格ありと認めるにやぶさかでないならば、この神の御前で諸君らは、自らの王のため、自らの祖国のために戦うことを、朕に宣誓してほしい」

全員がフィリップ二世に誓いを立てた。さらりと聞くほど当然の話でないというのは、皇帝オットー四世の軍勢は、それ単体でフランス王が率いる軍勢の三倍を数えていたからである。これに同盟軍が加わり、さらに兵数は増強されている。フィリップ二世に賭けて、決して分が良いわけではなかったのだ。

「いや、我々の希望、我々の確信とともにあるのは神だ。オットーと奴の兵隊は教皇に破門され、したがって教会の敵であり、破壊者である。奴らが手にした金子《きんす》とて、貧者の涙を無視して掻き集めたものか、教会の富を略取したものである。我々はといえば、神に全き信心を寄せているのだから、我々は罪人であるにもかかわらず、敵を上回れること請け合いであるし、響き渡る勝利も我らの手に帰すだろう」

今度の演説はフィリップ二世が兵士に向けたものである。

七月二十七日、両軍はブーヴィーヌの野に対峙した。軍師ゲランによる布陣で、フランス王の戦列は中央本隊にフィリップ二世の兵団、左翼にドルー伯ロベールの軍団、右翼にブールゴーニュ公ウードの軍団と構えた。対する神聖ローマ皇帝軍は、ドルー伯に対する右翼がソールズベリ伯が束ねるイングランド、ブラバント、ブーローニュの混合兵団、ブールゴーニュ公に対する左翼がフランドル伯フェランの兵団、中央本隊のフィリップ二世には、やはり皇帝オットー四世が正対することになった。

激しい戦闘だった。が、それも徐々に優劣が現れ出した。皇帝オットーは軍旗を奪われ、戦場離脱を余儀なくされた。ブーローニュ伯ルノーとフランドル伯フェランは、とも

ブーヴィーヌの戦い
中央右がフィリップ２世
ヴェルサイユ宮殿美術館

に捕虜の身に落ちた。前者はペロンヌの、後者はパリの獄に繋がれて、つまるところの結果をいえば、フランス王フィリップ二世の大勝だった。

大国フランスの誕生

ブーヴィーヌの戦いは、フランス王の地位を確立した記念碑的事件といえる。まずはプランタジュネ家との長きにわたる抗争が、カペー家の勝利で確定した。九月十四日、フィリップ二世はシノンで五年間の休戦を約して、ジャンに向けた矛を収めることにした。勢いに乗じて、そのままアキテーヌを攻める選択肢もあったが、そうまでの無理をしなくとも、征服した「アンジュー帝国」の諸領邦を二度と手放さなくてよいとなれば、すでにして戦果は十分だったのだ。

フランスの領邦をあらかた奪われて、歴史に「失地王（sans Terre、Lackland）」と呼ばれざるをえなくなっても、反撃を狙うとか、報復を誓うとか、そんな余裕は金輪際ジャンにはなかった。最後に残された王冠付きの島国に逃れて、ますます「イングランド王ジョン」になるしかなくなっているのに、この国でも戦費を賄うための重税が恨まれ、あげくに有名な「マグナ・カルタ」を呑まされたからである。イングランドの議会政治の道を拓いた史上名高い事件であるが、裏を返せば王の自由裁量が以後は制限されることになったのだ。

いくら先祖が治めていた土地だといっても、その奪還を議会が望まず、イングランドには関係ないと考えるなら、再びフランスに乗りこむような真似は、もう簡単には起こせない。それでも人格破綻者のジャンは折れず、あくまで我を通すとなると、廃位の断さえ現実のものになるが、その顚末については別なところで触れられるだろう。

こちらのフランス王国の図式をいえば、「アンジュー帝国」の崩壊が決定的になったことで、王に歯向かえる国内勢力がなくなった。少なくとも、単独では無理になった。フィリップ二世はアルトワ、ヴェルマンドワ、アミエノワ、ノルマンディ、メーヌ、アンジュー、トゥーレーヌ、サントンジュ、オーヴェルニュ、さらにポワトゥーとラ・マルシュの

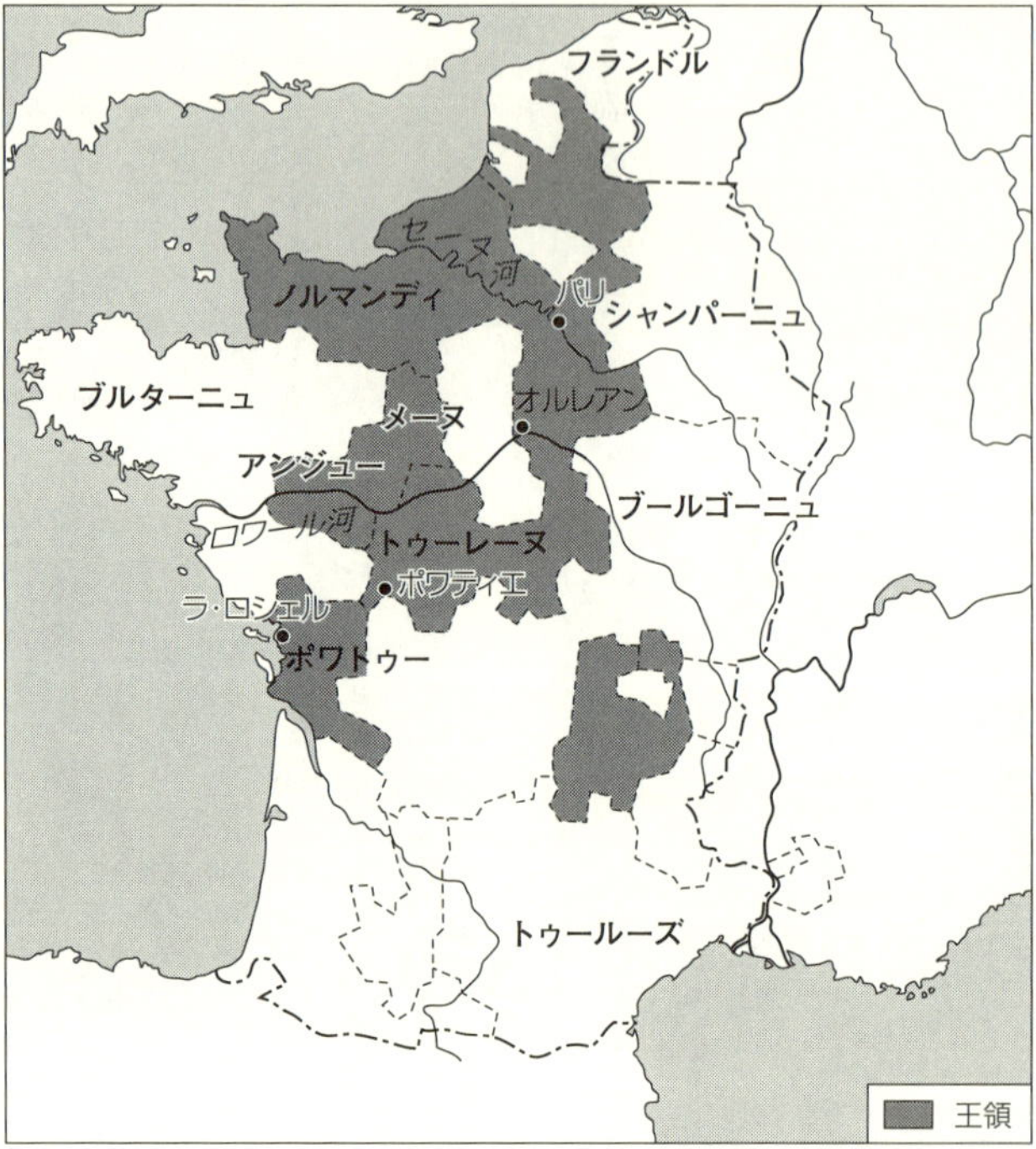

フィリップ2世死没時（1223年）のフランス

一部まで手に入れて、その治世で王領を一気に四倍に増やした。後で触れるようなアルビジョワ十字軍を通じては、間接的ながらも南フランスへの影響力を拡大してもいる。限られた王領地にしがみつき、悪戦苦闘していた祖父王ルイ六世、父王ルイ七世の時代に比べれば、まさに隔世の感がある。その群を抜いた実力は認めざるをえないものであり、他の諸侯たちは横並びに張り合う感覚など、もはや持ちえなくなったのだ。

度々フランス王と矛を構えた富強の諸侯フランドル伯家にしても、プランタジュネ家との同盟が困難になったからには、容易に反旗を翻せない。それどころか、ブーヴィーヌの戦いでフランドル伯フェランが捕虜に取られ、パリの獄に繋がれる日々が長引くにつれて、その伯領はフランス王の実効支配に甘んじる体になった。身柄の解放はフィリップ二世の死後で、フランドル伯は再び自領の知行を許されたが、それもフランス王家にリール、ドゥエイ、エクリューズと主要都市を割譲することを呑まされた上で、ようやく賜る慈悲だった。

フランス王家の存在感は、国内だけの話に留まるものではなかった。張り合える勢力など、他の周辺諸国を見渡しても、容易なことではみつからない。それが本来は王より格上である皇帝、いわゆる神聖ローマ皇帝であったとしても、である。

神聖ローマ皇帝は東フランク帝国の継承者として、実質的にはドイツ王だった。その実力をいえば、選挙原理に基づいて誰が王位に就き、また皇帝として戴冠したところで、西フランク王国の王位を奪取したばかりのカペー家と大差なく、大勢のなかのひとりから大きく抜け出るものではなかった。が、だからといって、神聖ローマ皇帝が自らを進んで卑下するわけもなく、普遍的な権威、世界帝国の主として、他の諸王に君臨するべき至上権をいまだ主張し続けていた。

自らが弱いうちはカペー家としても、あえて盾突くものではなかった。が、飛び抜けた実力を誇れるようになると、頭を押さえつけられる理屈は耐えがたいものになる。

すでに一二〇二年、フィリップ二世はいまひとつの普遍的な権威、ローマ教皇インノケンチウス三世に働きかけて、その口から「フランス王はいかなる上位者も持たない」と宣言させている。フランス王は皇帝の臣下ではない、その支配はフランスには及ばないと、はっきり言葉にしたのである。

皇帝の至上権を主張するも、否定するも、もちろん声を大きくするだけは勝手である。その言葉を取り消させ、あるいは取り消させられないまでも、傲岸《ごうがん》に無視して捨てられるようにするのは、ひとえに実力の論理だけである。簡単にいえば、もし戦えば、神聖ローマ皇帝とフランス王の一体どちらが強いのか、なのである。

その雌雄がブーヴィーヌの戦いでは、はっきりと決してしまった。皇帝オットー四世は敗走を強いられて、ブランズヴィックに逃げ戻るしかなかった。のみか、あとが再起不能だった。対立していたホーエンシュタウフェン家のフリードリヒ二世が、ローマ教皇と、なかんずくフランス王の支持を幸いとして、その帝位を固めゆく様を眺めさせられるのみだった。一二一八年に薬の飲みすぎで病死したオットーは、自らの失脚劇を通じて、皇帝の権威失墜とフランス王の権力興隆を、世に広く印象づけたともいえる。

あえて時代錯誤的な言葉を使えば、ブーヴィーヌの戦勝は西フランク王国の「独立宣言」だった。あるいは生まれようとしていたのは、フランスという新たな大国なのだというべきか。

西フランク王国は無数の豪族の群雄割拠で細切れにされ、ばらばらになって然るべきものを、形ばかりの主従関係を通じて、かろうじて繋ぎとめているにすぎなかった。まさしく、過去の残骸だ。それがフィリップ二世の治世が終盤に向かうにつれて、活き活きした内実を伴わせる真正の国家として、俄かに再建されたかの体をなしてきたのである。

王領の広がりひとつ取り上げても、八四三年にヴェルダン条約によって定められた西フランク王国の規模に近づきつつあったが、偉業は王冠を被るだけで中身は一豪族にすぎない輩が、単に自分の領地を増やしたに留まる話でもなかった。活躍のステージは新たな国造りの段階へと押し上げられた。カペー王家は中央行政に、地方行政に、新たな統治のシステムを築き、その頂点に自らを位置づけながら、いわば国家元首に転生しようとしていたのだ。

一代の壮挙を遂げて、フィリップ二世の統治はブーヴィーヌの戦いのあと、なお九年間続いた。おおむね平穏な日々であり、他に攻め入ることがあったとしても、自らが攻められる心配など皆無だった。少なくとも、もはや家門の生き残りなど、汲々とするべき問題ではなくなっていた。

フィリップ二世は一二二三年七月十四日にマントで崩御した。享年五十七歳、四十三年の長きに及んだ治世だった。その王座を受け継いだのは王太子ルイこと、フランス王に即位したルイ八世である。が、王位継承は先王の死後だった。祖父王ルイ六世、父王ルイ七世とは異なって、フィリップ二世は自分の存命中に息子を戴冠させなかった。もちろん、その長い治世に共同統治の期間はない。なくとも王座が磐石であり続けるなら、そんなもの、設けるまでもなかったのである。

6　獅子王ルイ八世（一二二三年～一二二六年）

恵まれた貴公子

ルイ八世は一二二三年八月六日、ランスで執り行われた戴冠式で、フランス王に即位した。これが従来のカペー朝の歴史では考えられないほど、恵まれた貴公子だった。

まずは相続した王国が王国である。歴代の王たちの努力で着実に勢力を増していたものを、父王フィリップ二世がヨーロッパ最大の勢力にまで押し上げた。それをルイ八世は、はじめから手に入れられるというのだ。

しかも、かかる幸運を身に余るとも感じないで済んだ。これまでのカペー朝の王たちは、カロリング朝を廃した簒奪王朝という一種の後ろめたさを逃れられなかった。あるいは正統王家の血を引いていない引け目というほうが正しいか。ところが、フィリップ二世の場合は母親アデル・ドゥ・シャンパーニュがカロリング王家の血を引いていた。またル

ルイ8世

カルナヴァレ美術館

イ八世の母親イザベル・ドゥ・エノーも、低ロレーヌ公シャルルの血筋、ひいては大帝シャルルマーニュの血筋だった。つまりは両親ともにカロリング朝の末裔なのだ。その血を息子として我が身に取りこみ、ルイ八世は我こそ王者と、かつてないほど大きく胸を張れるフランス王だったのだ。

巡り合わせに恵まれた、ただのボンボンだったかといえば、そうでもない。個人としてみても、ルイ八世は凡庸ならざる人物だった。生まれついての王者は、当然ながら教育も懇《ねんご》ろに授けられた。元帥アンリ・ドゥ・クレルモンに武芸を、神父アモーリ・ドゥ・ベーヌに学芸を指南された、文武両道の逸材だったといってよい。わけても武のほうは特筆されるべきで、身体が大きく、見栄えに優れ、騎馬槍試合の名手としても知られていた。ニコラ・ドゥ・ブライという同時代人の聖職者が「獅子王（le Lion）」と異名を献じたくらいであれば、王者の貫禄に溢れた堂々たる雄姿が今にも目に浮かんでくるではないか。

どれだけ神に愛された男なのかと、嘆息を禁じえないというのは、ルイ八世が妻にも恵まれていたからである。二十二歳で結婚した相手はカスティーリャ王家のブランカ姫、フランス語でブランシュ・ドゥ・カスティーユと呼ばれる、スペイン生まれの妃だった。が、さらに系図を凝視すると、その実はジャン・ドゥ・プランタジュネこと、イングランド王ジョンの姪にあたっている。母親がカスティーリャ王アルフォンス八世に嫁いだ、プランタジュネ家の娘アリエノールだったからである。

女傑アリエノール・ダキテーヌの孫娘ということにもなるが、それだけに典型的な政略結婚だった。一二〇〇年五月二十三日に婚約なるまでの経過をみても、グーレ条約というリシャール獅子心王の没後の和平の試みで、婚資にノルマンディの一角エヴリュー伯領を持参する条件などが決められている。まさに対プランタジュネ抗争の産物だったわけだが、かくて嫁いできたブランシュ・ドゥ・カスティーユが、どうして悪くない伴侶だったようなのだ。

教養豊かな文芸の愛好家で、詩のサークルなども主宰するほどだった。そこで吟遊詩人きどりのシャンパーニュ伯チボーを、たちまち虜にするくらいの美女でもあった。さりとて、才媛はスペイン生まれというだけに生真面目な信心家であり、浮ついたところは一切ない。一途に夫を助け、支え、年代記作家マシュー・パリスに「女ゆえに妻ながら、国事の場では男勝り」と称えられた女傑が、ブランシュ・ドゥ・カスティーユだったのである。

いや、容姿、才能、人柄、等々で女性を評価するなどと、ちまちました現代人の発想なのかもしれない。きちんと婚資を持参したなら、次なる女性の評価は子供を産むか産まないかと、それが時代の常識だった。わけても王家には世継ぎが不可欠なのだ。してみると、ブランシュは多産の質で、これまた満点に近かった。全部で十二人、男子だけでもフィリップ、ルイ、ロベール、ジャン、アルフォンス、フィリップ、エティエンヌ、シャルルと八人も儲けている。名前の重複は先の子供が幼くして死んだからだが、全員が成人するとは限らない時代であればこそ、これだけの多産は優れて価値あるものなのだ。二番目のフィリップまでは、先代フィリップ二世の存命中に生まれており、再びルイ八世の立場でいえば、カペー王朝では王に孫の顔をみせてやれた初めての王子ということになる。

改めて、ルイ八世は出来すぎている。苦労人の目からすれば、あるいは癪に感じられたかもしれない。微妙な嫉妬心くらいは、掻き立てられても不思議ではない。実際のところ、他ならぬ父王フィリップ二世には、ときに息子を冷遇したかの措置がある。

第一にルイは、成人したあとも自分の領地を与えられなかった。母親からの相続分として、アルトワ伯領を手にできるはずだったが、これも父王が派遣した役人に管理され続けだった。第二に即位が遅かった。父王の死後に即位した初めてのフランス王だというが、ルイ八世にしてみれば、王朝の伝統に反するわけでなし、共同統治くらいはいいんじゃないか、そろそろ親父も隠居してくれないか、さもなくば俺は日陰者のままではないかと、多少の鬱憤を溜めざるをえなかったはずである。

晴れてフランス王になれたのは、三十五歳のときだった。平均寿命が短い時代のこと、このまま日の目をみずに死ぬかと、ルイ八世は本気で心配したかもしれない。その鬱憤や焦燥感も働いてか、王が残した事績には、ときに性急なような印象がないではない。その兆候は、すでにフィリップ二世の統治末年に現れる。いったん一二一五年まで遡りながら、獅子王の物語に入るとしよう。

欲求不満の日々

一二一四年の決戦、フランス王家が南北の敵と雌雄を決した戦いにおいて、後のルイ八世こと王太子ルイが、南方でプランタジュネ家のジャンを敗走させた顚末については、すでに触れている。北方ではフィリップ二世が、ブーヴィーヌの戦いでドイツ皇帝オットーを撃破し、その天下を決定的にしたわけだが、ひるがえって負けたほうは、こちらも決定的に負けたわけだからたまらない。

わけても、ジャン・ドゥ・プランタジュネは悲惨だった。イングランド王ジョンとして、マグナ・カルタを突きつけられただけではない。一二一五年十月、イングランド王国では領主貴族、聖職者、諸都市が無謀かつ無能な王の廃位を決め、かわりにフランスの王太子ルイを自らの王に選出したのだ。王太子妃ブランシュ・ドゥ・カスティーユが「イングランド王ヘンリー二世」の孫にあたり、通じて王位継承権を主張できるという理屈で、その意味でもルイにはありがたい妻だったろう。

いうまでもなく、ルイは張りきった。一二一三年に挫折した試みに、再び挑戦できるというのだ。日陰者の境涯から、今度こそ抜け出せるかもしれないのだ。まずイングランドの王冠を頭に載せ、あとは父王の崩御を待ってフランスの王冠を加えれば、自らの手に英仏二王国を収めることにもなる。しかし、だ。

一二一三年と同じく、これにローマ教皇が待ったをかけた。形のみとはいいながら、イングランド王は教皇庁の封臣であり、勝手は許さないという理屈で、この不届きな遠征に参加した輩は、直ちに破門に処するとも脅してきた。フィリップ二世も好んで悶着を起こす気はなく、息子に計画の中止を説得した。ところが、王太子ルイは今度は容れなかったのだ。

「イングランドに関するかぎり、父上に決裁の権はありませんぞ。私は私の妻の王位継承権のゆえに戦うのです」

そう啖呵《たんか》を切りながら、一二一六年五月二十日の夕に出航し、イングランドに上陸したのは翌二十一日のことだった。

ロンドンを含む王国の東半分が王太子ルイをイングランド王と認めた。残りには無理にも認めさせるまでだとして、すぐさま軍事行動を開始、南東部一帯の占領を進めたが、そこに思いがけない報せが届いた。十月十九日、ジャンが崩御したというのだ。教皇特使が立てたのが故王の息子、イングランド王ヘンリー三世を名乗らせた、まだ九歳の少年だった。統治能力などあるかと、誰もが無視して捨てるかと思いきや、イングランドの諸勢力は掌を返すように、これを支持した。

王太子ルイは一転して窮地に追いこまれてしまう。わけても一七年四月のリンカーンの戦いは、決定的な敗北だった。五月にはフランスに帰国、九月にはランベート条約を結び、ルイは現金一万マルクとひきかえに、野望を捨てることになった。

とはいえ、これでおとなしくなったわけではない。次なる標的は南フランス。フランス王国の版図に含まれるとはいえ、オック語と称される南部フランス語を話す地域という意味でオクシタニアとか、ラングドックとか呼ばれていた異郷だった。フランス王を形ばかりの封主としながら、そこには事実上の独立勢力として、フォワ伯、カルカソンヌとベジエの副伯、なかんずく「伯は伯領においては皇帝」と謳《うた》われた巨大勢力トゥールーズ伯が割拠していた。この土地が十三世紀初頭から、キリスト教の世界に大きな物議を醸していたのだ。

ラングドックにはカタリ派の異端が根づいていた。マニ教の流れを汲む教えは、善悪二元論に基づく厳格なものであり、完徳者《パルフェ》と呼ばれる清廉の聖職者たちが、カトリック教会の聖職者を凌ぐ人望を獲得していたのだ。これをローマ教皇庁が看過できるわけもない。トゥールーズ伯ら諸侯が後ろ盾になっていると聞けば、なおのこと放置できない。派遣した教皇特使カステルノが殺害されたとなれば、いよいよ十字軍さえ呼びかけざるをえなくなる。一二〇九年に始まる、いわゆる「アルビジョワ十字軍」である。

フランス王国の話であるからには、十字軍の先達は誰より先にフランス王に期待される。が、当時のフィリップ二世はプランタジュネ家との抗争中であり、遠く南フランスに出兵どころではなかった。かわりに出たのが王家の譜代、シモン・ドゥ・モンフォールという領主貴族だったが、これが驚異的な強さでラングドックを平定していった。旧来の家門を廃して、カルカソンヌとベジエの副伯になり、さらにはトゥールーズ伯になり、あげくにフランス王に忠誠宣誓を捧げたのだ。

フランス王家の実質的な影響力が、間接的ながらも南フランスに及んだという所以だが、いうまでもなく余所者の支配は好まれない。モンフォールの地位もいまだ不安定であるとして、フランス王家も遅ればせながら支援に動いた。このとき送り出されたのが、王太子ルイだった。

最初が一二一五年で、ブーヴィーヌの戦いの翌年である。が、これは形ばかりの出兵で、ラングドックに対するフランス王家の「顔みせ」のようなものだった。本格的な軍事行動が一二一九年、イングランドにみた野望が潰《つい》えた直後の話だった。ラングドックの要衝マルマンドなどでは、異端者の大量虐殺などにも手を染めて、当時の苛立ちを窺《うかが》わせたりもしている。が、トゥールーズの戦いで敗退すると、王太子ルイはあっさり北に兵を返した。あるいはトゥールーズの戦いには、わざと負けたというべきか。

無敵のシモン・ドゥ・モンフォールは実のところ、一二一八年に戦死していた。ラングドックの支配権を引き継いだのが、息子のアモーリ・ドゥ・モンフォールだったが、これが父親に似ない凡庸な人物だった。ならば、本気で助けて、大封を与えてやる謂れはない。王太子ルイはアモーリに王家の大元帥の職を与えた。かわりに委譲させたのが、カルカソンヌとベジエの副伯、ならびにトゥールーズ伯として南フランスに主張できる土地、当座は再び在郷勢力に取り戻されている土地の領有権だった。これを実際に我が手にするというのが、フランス王に即位して後の夢になる。

獅子奮迅

一二二三年に即位を果たすや、ルイ八世は翌二四年から、まさに手枷足枷がはずれたかの印象で、精力的な戦争に打って出る。

最初に手をつけたのは、ポワトゥーの征服だった。かつてのプランタジュネ家の領地は、もちろんフランス王家の支配に属していたのだが、ニオール、サン・ジャン・ダンジェリ、ラ・ロシェルというようないくつかの都市は、いまだプランタジュネ家の、つまりはイングランド王の支配下にあった。六月二十四日にトゥールに軍勢を集結させると、これらを八月までかけて、ルイ八世は次々陥落させていったのである。

それ自体は造作もない仕事だった。が、元来がポワトゥーは、ユーグ・ドゥ・リュジニャン、ユーグ・ドゥ・トゥアールというような大領主が強い土地だった。それがイングランド王でなく、フランス王であったとしても、封主に頭を押さえられることを好まない。諸王が強くなることも本意でなく、したがって、ときに王家の試みを妨害しかねない。諸都市の攻略を口実として、この土地に武威を示し、通じて大領主たちを牽制しておくことこそ、ルイ八世の真の目的だったのかもしれない。というのも、もう直後には次の遠征が企てられるからだ。いうまでもなく、念願のラングドック遠征を再開したのだ。

魚心あれば水心ありで、ローマ教皇の働きかけもあった。ラングドックの異端は撲滅されず、のみか保護者と思しきトゥールーズ伯家までが、モンフォール父子の敗退を機会に再興を遂げていた。かかる事態は看過ならぬと、教皇ホノリウス三世は再度の十字軍を宣言し、特使ロマノ・ディ・サンタンジェロを派遣して、フランス王に派兵を要請したのだ。それも遠征費用は教会持ちだというのだから、こちらのルイ八世にしてみても、まさに渡りに舟だった。

一二二六年四月、ルイ八世は十字軍参加を正式に表明し、五月、ブールジュに軍勢を集合させた。ローヌ河沿いを南下、リヨンの南でラングドックに侵攻し、最初の標的はアヴィニョンだった。一夏を費やした包囲戦で、この東部ラングドック屈指の大都市を陥落させると、そこから進路を西に変えた。まさに獅子奮迅の働き、まさに破竹の勢いでラングドック征服を進め、残す実質的な要衝はトゥールーズのみとなったときだった。

ルイ八世は退却を始めた。真夏のアヴィニョン包囲で井戸の水を飲み、赤痢に感染したからだった。その容態が急速に悪化して、戦争を中断せざるをえなかったばかりか、とうとう北には帰ることができなかったのだ。

ルイ八世が崩御したのは十一月八日、オーヴェルニュ山中モンパンシェでのことだった。父王フィリップ二世の単に偉大であるのみならず、待たされる身には長すぎる治世を凌いで、ようやく自分の天下が来たと張りきったはよいものの、それが逆に仇となり、自らの統治は僅かに四年に足らずして、あえなく終幕となってしまった。

なんたる無念か。せめてもの救いは、ラングドック遠征が無駄には終わらなかったことだろうか。ルイ八世は軍事的に制圧した地域に、いち早く行政機構を敷設していた。少なくともニーム・ボーケール、カルカソンヌ・ベジエには代官セネシャルを置き、一時的な征服でない、恒久的な王領地として支配する体制を素早く立ち上げたのだ。

巨大化を続けるフランス王家は、167ページの地図に示してあるように、とうとう南フランスにまで大きな直轄領を得た。イール・ドゥ・フランスの地方勢力にすぎなかったものが、まさに西フランク王の後継者に相応しい実力を手にしつつあった。が、その代償が王家存亡の危機だった。確かに王家は大きくなったが、その中身はいまだ固まっていないからだ。その王国を率いるべき新王が、ほんの子供でしかないというのだ。

一二二六年十一月二十九日、十二歳の王太子ルイは父王のあとを襲い、フランス王ルイ九世として即位を果たした。なにぶん急遽の即位であり、でなくとも、いまだ十二歳の少年にすぎない。ルイ八世が隠れるなどと、ほんの数ヵ月前には考えもしなかった出来事で、じりじりと待たされ続けた父とは好対照に、なんの心構えもできていない。これが後に「聖王」と称えられ、祖父フィリップ二世と並んで、カペー朝史上屈指の名君とされる王の波乱の船出である。

7　聖王ルイ九世（一二二六年～一二七〇年）

列聖された王

フランス王ルイ九世は一二一四年四月二十五日にポワシィで生まれた。ために幼少の頃は「ルイ・ドゥ・ポワシィ」と呼ばれ、それらしい称号もなかった。実をいえば次男であり、上に王太子フィリップがいた。この兄が一二一八年に早世したため、四歳のときに王太子になったのである。さらに十二歳のとき、父王ルイ八世の陣没でフランス王に即位するわけだが、四十三年に及ぶ長い長い治世を終えて、後世に残した異名となると、これが「聖王ルイ（Saint Louis）」になる。

ひととなりを表すとか、業績を称えるとか、その種の気軽な綽名でなく、「聖（saint）」と尊い言葉がつくからには、きちんとカトリック教会に列聖されて名前がある。つまりはローマ教皇庁の列聖列福委員会の審査を受けて、全てのキリスト教徒に崇敬されるべきと

ルイ９世

カルナヴァレ美術館

認定された、正式な聖人なのである。孫のフィリップ四世王が働きかけたもので、列聖は一二九七年の話になる。ルイ九世の命日である八月二十五日は、以後カトリック教会の祝日になっている。

　代々のフランス王とて、敬虔なキリスト教徒をもってなる建前だった。とはいえ、聖ペテロとか、聖パウロとか、聖フランシスコとか、かかる信仰の綺羅星たちと同じ高みに登り詰めた王は、このルイ九世ひとりしかいない。サンクト・ペテルブルクとか、サン・パウロとか、サン・フランシスコとか、聖人の名前はしばしば地名になったりもするが、パリを流れるセーヌ河の中洲サン・ルイ島であるとか、アメリカ合衆国の都市セント・ルイスなども、このルイ九世に由来している。

　そういうと、禁欲的な修道士さながらの堅物とか、あるいは神がかった狂信家とか、少なくとも俗世に背を向けて、ひたすら神に焦がれる殉教者とか、そういう人物を想像されるかもしれない。確かに王の性格には、その種の志向がないではなかった。が、かたわらでは王朝の繁栄にも貢献し、つまりは王位継承者はじめ多くの子供を儲けている。実際のルイ九世はといえば、非常に人間くさい生を全うした、なんとも魅力的な男なのである。恐らく中世の人間としては繊細な感性の持ち主であり、家族があり、仕事があり、と同時に心の理想がありと、その姿は現代に生きる我々にとって、身近に感じられるものであったりもする。その人生を物語るに、まずは父王ルイ八世に先立たれた苦難の少年時代から始めよう。

偉大なる母

一二二六年十一月二十九日、晴れてフランス王に即位したとはいえ、ルイ九世は君主として、なにを、どうすればよいのか分からなかったに違いない。いや、それ以前に頭に載せた王冠からして、実はそれほど確かなものではなかった。父の王位は息子が継ぐと、そんな決まりはなかったからだ。明文化された法律があるでなく、王位継承はいまだ慣習として論じられるのみだったのだ。

カペー朝の始祖ユーグ・カペーは、有力諸侯たちが票を投じる選挙で王位に就いた。それが事実上の世襲に進んだというのは「指名された王」の伝統、つまりは父王の存命中に子王を即位させることで共同統治の時期を設け、来るべき単独統治の基礎を固めるという、それこそユーグ・カペー、ロベール二世父子の時代から繰り返されてきた、周到な手続きゆえの話だった。

かかる慣習が破られ、父王が死んでから子王が即位するスタイルが取られ始めたのは、フィリップ二世、ルイ八世の親子からだ。ルイ九世にとっての祖父と父であり、つまりはごくごく最近の話にすぎない。慣習として定着するには程遠い。第一にフィリップ二世が強大な勢力を誇り、第二にルイ八世が三十歳をすぎた大人で政治的経験も豊富であり、それやこれやの有利で初めて可能になった例外と受け止めるのが、むしろ世の相場なのだ。

少なくとも父王に早世された未成年の孤児の身で、安易に繰り返せる話ではない。王位継承に異論が挟まれるどころか、選挙制の復活さえ叫ばれないとはかぎらない。かかる危機に立ち上がったのがルイの母親、つまりは前王妃ブランシュ・ドゥ・カスティーユだった。ルイ八世の御世から内助の功で知られた女丈夫は、今度は息子のために力を尽くすことになる。

ブランシュは、まず自分の地位を確保した。単に母親というだけでは、足りない。権能として政治を執りうる、摂政にならなければならない。まだ「摂政（régent）」という言葉はなく、これに相当するのが「後見（tuteur）」だったが、ルイ八世がモンパンシエで死んだとき、遺言で指定していた息子の後見は、どうやら異母弟フィリップ・ユルペルのほうらしかった。フィリップ二世がアニェス・ドゥ・メラニーとの間に儲けて、ブーローニュ伯に封じた王子なわけだが、これが故王の願い通り献身的に甥子を支えてくれるかといえば、約束のかぎりではない。少年王を自らの傀儡《かいらい》にして、専横のかぎりを尽くすかもしれない。そのまま退けて、自分が王位に登ろうとするかもしれない。

ブランシュは一計を案じた。ルイ八世の臨終に居合わせた三人の高位聖職者に因果を含めて、故王が「後見」に指定したのは妻のブランシュ・ドゥ・カスティーユだったと、そういうことにさせたのである。かかる荒業が罷《まか》り通るというのは、ひとつにはローマ教皇の特使、サンタンジェロ枢機卿ロマノ・フランジパーニが力添えしてくれたからだった。南フランスの異端撲滅を悲願として、その主たる担い手と期待する教皇庁にしてみれば、フランス王にはルイ八世の施策を最大限に受け継ぐであろう直系が望ましかったのだ。

もうひとつには王家に仕える忠僕たちの支持があった。フィリップ二世の時代からの筆頭顧問で、尚書を務めるサンス大司教ゲラン、国王官房と王室金庫を預かる大番頭格の侍従バルテルミ・ドゥ・ロワ、さらにゴーティエ、ラ・シャペル、モンモランシーというような面々が、あらかた味方についてくれた。それら役付きを輩出するのが王家譜代、つまりはイール・ドゥ・フランスの有力領主なわけだが、これも総じてブランシュ支持で固まった。都市勢力もおおむね好意的だった。かかる幸運を背景に摂政の大権を掌握するや、母后が最初に試みたのが息子ルイの戴冠式だった。まずは王冠を安堵しなければならなかったからだ。そのためには無事の戴冠式で、神の後光を帯びなければならなかったのだ。

晴れの儀式は無事に進んだ。が、これに欠席した不敬の輩もないではなかった。ブルターニュ伯ピエール、ラ・マルシュ伯ユーグ、シャンパーニュ伯チボーといった諸侯の面々だ。それは喧嘩を売ったに等しい態度だった。いや、実際に売る気まんまんだった。今のカペー家なら怖くないと考えたからだ。今こそ報復の好機到来とも色めきたったのだ。

王家の急成長を、大方の諸侯は苦々しく眺めてきた。はっきりいえば、フィリップ二世の覇業は恨まれていた。あとを継いだのが実力十分のルイ八世であればこそ、反感が表面化しなかっただけの話だ。それが死んで、王位を継いだのが僅か十二歳の息子だとなれば、皆の鼻息が荒くならないわけがなかったのだ。

とばっちりで、ルイ九世の統治初年は難局続きだった。一二二七年一月、まずはフランドル伯フェランの解放を余儀なくされた。祖父王フィリップ二世がブーヴィーヌの戦いで捕虜にした有力諸侯だが、不利な条件を呑ませた上での話であるとはいえ、そのままパリに監禁しておくわけにはいかない空気になっていた。同じ頃にブルターニュ伯ピエール、ラ・マルシュ伯ユーグ、シャンパーニュ伯チボーの三者が攻守同盟を結んだからだ。のみか、テュアール郊外に軍勢を集結させたのだ。フランス王家もシノンに軍を進めたが、形ばかりの総大将にすぎない少年王ルイに、これといった手立てがあろうはずもなかった。

軍事衝突を避けながら、摂政ブランシュ・ドゥ・カスティーユは裏から手を回した。三月の頭、一説には女の魅力を駆使してまで、シャンパーニュ伯の懐柔と同盟からの引き抜きに成功したのだ。反王同盟が後ろ盾と期待したのが、イングランド王ヘンリーだったが、こちらにも有利な条件を餌に働きかけながら、フランス王家への固めの誠実宣誓を承知させた。ブルターニュ、ラ・マルシュの二伯も和睦に応じざるをえなくなり、合わせて取り決められたのが、三月十六日のヴァンドーム条約だった。

この条約でブルターニュ伯には領地が、ラ・マルシュ伯には現金が与えられる運びになった。が、そうなると、面白くないのが、イール・ドゥ・フランスの王家の譜代たちである。どうして、奴らばかりが得をするのか、これでは反抗したもの勝ちではないかと不満を募らせていたところ、その声を糾合できる旗頭もないではなかったのだ。

前王ルイ八世の異母弟フィリップ・ユルペル、ルイ九世には叔父にあたる親王が、ドルー、シャティヨン、クーシーというような領主格と結びながら、新たな抵抗勢力を組織した。ブランシュ母后に摂政権を奪われた、それを返せと唱えながら、一二二七年末にはコルベイユに軍勢も集結させた。オルレアンに向かう途中の少年王を急襲、その身柄を略取しようという計画で、かろうじて事前に察知するも、ルイ九世はモンレリーに足止めされる格好となった。このときブランシュ・ドゥ・カスティーユが働きかけたのが都市勢力だった。パリに迎えの兵団を出させることで、なんとか王宮に帰り着くことができた。

一二二七年が災難続きだというのは、南のほうでもトゥールーズ伯レイモン七世が息を吹き返していたからである。ルイ八世に攻めこまれたラングドックが、二八年にかけて報復の攻勢に転じたわけだが、これもブランシュは二九年四月のモー・パリ条約で巧みに絡めとっている。眼目が王弟ポワティエ伯アルフォンスと、トゥールーズ伯の一人娘で女相続人ジャンヌの結婚であり、伯領はレイモン七世の死後、労せずして王族が領する土地になる手筈だった。

アルフォンスとジャンヌに子供がない場合は、王領に併合されるという取り決めまでなされた。前王が命を落としたラングドック問題を、まずまず有利な状態で落着させられたのは、ひとつにはサンタンジェロ枢機卿の尽力による教皇庁の斡旋の賜物であり、もうひとつにはトゥールーズ伯レイモン七世がブランシュの母方の従兄弟にあたる、つまりは二人とも母親がプランタジュネ家の女であるという血縁を利用できた事情がある。

もちろん常に血縁に頼れるわけではなく、それが証拠に義弟フィリップ・ユルペルの反乱のほうは、まだ終わりになっていなかった。プランタジュネ家の血統が信じられるわけでもなく、イングランド王ヘンリー三世もブルターニュ伯に臣従礼を申し出られ、それを主君として受けている。同盟の締結を意味する出来事だが、これにフィリップ・ユルペル

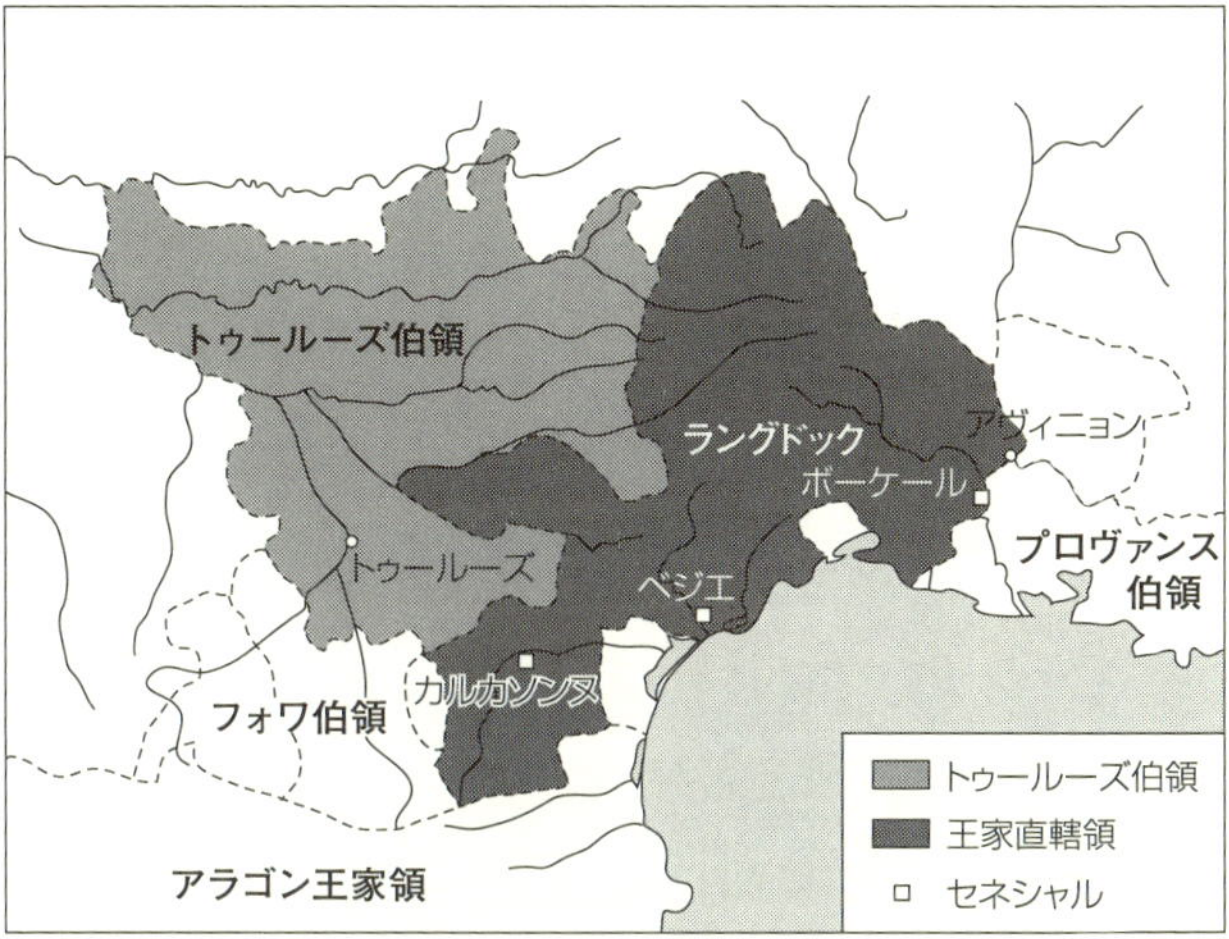

1229年の南フランス

までが結びついたのだ。

三者は一二二九年夏、まずは裏切り者に報復するとばかりに、シャンパーニュ伯の領邦に攻めこんだ。救援の求めに応えて、フランス王ルイ九世は軍を発しなければならなくなった。三〇年一月にはイングランド王がブルターニュに上陸し、いよいよ本格的な武力闘争に突入した。三一年サン・トーバン・コルミエ条約で休戦に運ぶまで、その戦いをブランシュは女だてらに指導する。九月にはユルペルと和平、三一年七月にはブルターニュ伯を屈服させたのである。

我が子を守らなければならないと、ブランシュとしては必死の数年だったに違いない。が、おかげさまでルイ九世も、一二三四年には二十歳を迎えた。四月二十五日に成人を宣言して、母親が担い続けた摂政の任を解いてもいる。なお諸侯は不穏な動きを示し続け、ブランシュ・ドゥ・カスティーユも完全に引退できたわけではないながら、もう向後においては、少なくとも女子供の政権ではないのである。

事実、ルイ九世の親政開始とともに、フランス王国で企てられる蜂起反乱の類は目にみえて失速していく。成人男子の君主は、やはり強い。ただ大人になればなったで、ルイ九世には別な悩みも生まれたようだった。

美しき妻

大人になったというなら、そろそろ妃を探さなければならなかった。子作りこそ王朝繁栄の鍵、フランス王たる者の第一の責務なのであり、その理は自身が十二人も産んでいる母后、ブランシュ・ドゥ・カスティーユとて認めているはずだった。しかし、だ。

難局続きで、嫁探しどころでなかった事情はありながら、故意に遅らせたような気配もないでない。わからない心理でないというのは、ブランシュが夫に先立たれた未亡人だからである。残された希望は息子だけだ。摂政として働きながら、我こそ守り手なのだと自負もある。必死の思いで育て上げたというのに、それをなんの苦労も知らない若い娘に奪われてたまるものかと、かかる母親の心情は中世の昔も変わらなかったはずなのだ。

といって、息子を結婚させないわけにもいかない。フランス王の結婚は政治上の必要でもある。ブランシュが選んだのがマルグリット・ドゥ・プロヴァンス、プロヴァンス伯レイモン・ベランジェ五世の長女、十二歳だった。

それは花婿候補が絶えない姫君だった。ひとりが油断ならない南部の雄トゥールーズ伯レイモン七世であり、マルグリットを再婚相手に所望することで、自らの領邦の東に位置するプロヴァンス伯領と連携したい腹だった。このプロヴァンス伯家というのは、ピレネの向こう側に勢を張るアラゴン王家の分家という血筋なのだが、そのスペインの王家も婚姻政策を通じて、分家に分けたアルプス麓の飛び地を再び統合しよう、できることなら、それを足場に東西から南フランスに進出できればと、虎視眈々《こしたんたん》の体だった。いうまでもないことながら、トゥールーズ伯家の再興も、アラゴン王家の野望も、いずれもフランス王家としては認められない。となれば、躊躇している場合ではない。

南フランスの安定のため、ブランシュは息子の縁談を進めた。相手がフランス王家となれば、プロヴァンス伯家も悪い気はしなかったらしく、とんとん拍子に話は進んだ。一二三四年五月二十七日には、晴れて成婚の運びとなるが、しかし、なのである。

いざパリに呼び寄せてみると、マルグリットは見た目からして華やか、性格までが陽気で派手好きという、典型的な南国美人だった。政治上の必要では済まなくなる。ルイ九世は花嫁に夢中になる。結果を先取りするならば、マルグリット王妃に十一人もの王子王女を産ませたほどだ。つまりは夫婦仲も悪くない。母親ブランシュとしては、こんな面白くない話もない。石頭といえるほどの頑固と、堅苦しいほどの信仰心で知られる、いわゆる「カスティーリャの朴念仁」にしてみれば、開放的な港町で大きくなった、朗らかなプロヴァンス美女などは、土台が素直に譲れるような相手ではない。

少し長くなるが、ルイ九世に仕えた騎士ジョワンヴィルの証言を引こう。

「ブランシュ母后さまは、夜の帳《とばり》が下りて床に就くというならやむをえないとして、それ以外の時間に息子が嫁と一緒にいるなんて許せないと、とにかく邪魔なされた。王にとっても、王妃にとっても、逗留するならポントワーズがよかろうとしたのは、そこでは王の部屋が上階に、王妃の部屋が下階にあるからなのだった。

とすると、こちらの二人は上階から下階へ降りる階段のところで会うことにし、また守衛にも母后が息子王の部屋を訪ねたときは杖で扉を叩けと、それを合図に王は急ぎ自室に戻れば、なにごともなかったかのように母后を迎えられるからと、またマルグリット王妃の守衛にも、ブランシュ母后が部屋に訪ねてきたときは同じように合図を送れと、マルグリット王妃が自身で迎えるようにと、すっかり打ち合わせたものである」

「あるとき、王が細君である王妃のそばから離れないことがあった。御子をお産みになられ、その際の産褥《さんじょく》の傷がひどくて、瀕死の状態にあられたからだ。それでもブランシュ母后はやってこられた。息子の手をつかんで、『来なさい。ここにいても、することなどないでしょう』といった。そのまま王を連れていこうとするのをみて、マルグリット王妃は叫んだ。『まあ、お義母さまときたら、わたくしが死んでも生きても、夫の顔をみせてはくださいませんのね』。それから王妃は気絶した。死んでしまったのではないかと思われたほどだ。さすがに王は王妃は死にゆくところだと戻ってきた。実際、持ち直していただくには、大変な苦労を要したものだった」

平たくいえば、嫁姑問題である。フランス王家にも持ち上がった。それも、かなり深刻なケースだ。が、かかる事態を招いたこと自体に、ルイ九世の人間性が垣間みえるようでもある。万国共通の話であれば、中世ヨーロッパにも嫁姑問題がないではなかったろう。が、その割には、あまり聞かない。少なくとも王侯貴族の話としては聞かない。まだまだ男が横暴な時代だったからだ。母親が不機嫌になろうと、妻が泣こうと、うるさいと怒鳴りつけて終わらせる輩が、圧倒的に多かったと思われるのだ。

それをルイ九世はやらなかった。おろおろして、母と妻の間を右往左往しながら、フランス王ともあろう天下の権力者が、大声ひとつ出さずに終わらせた。恐らくは優しい男だったのだろう。時代の常識からはずれるくらい、図抜けて優しかったのだろう。「聖王」の名を与えられる未来を予感させるが、それは先の話として、こんなルイ九世も君主としては、決して無能なわけではなかった。

事実、フランス王国は安定感を強くするばかりだった。一二三六年六月にはブルターニュ伯ピエールとシャンパーニュ伯チボーが、フランス王家の許可を得ずして、それぞれの息子と娘をめあわせ、つまりは勝手に同盟を取り結び、またぞろ王家に反旗を翻した。対するにルイ九世は、すぐさま自ら軍を発して、容赦なく反乱軍を蹴散らし、もう七月には再度の服従を強いた。

一二四〇年からはラングドックが動揺した。その八月にカルカソンヌとベジエの副伯レイモン・トランカヴェルが決起し、四一年の十二月にはポワトゥーの実力者ラ・マルシュ伯ユーグが反旗を翻したのだ。四二年五月にイングランド王ヘンリー三世がノワイヨンに上陸し、ほぼ同時にトゥールーズ伯レイモン七世が復讐の兵を挙げと、南部は再び荒れ模様になるのかと思いきや、やはりルイ九世は躊躇なしの進撃で、次から次と撃破していったのである。

まさに敵なしだった。広大なフランス王国のなかで、唯一頭が痛い場所はといえば、もはや自宅だけなのだ。嫁姑問題さえ片づけばと、ルイ九世は溜め息を吐いたに違いない。

あげくに考えついたのが、妻に里帰りを許しがてらの海外旅行だった。

およそ六年にも及ぶ旅で、最中にはジャン・トリスタン、ピエール、ブランシュと、立て続けに三人も子供が生まれているから、遅れたハネムーンだったかもしれない。ああ、これはうまいと思わず膝を叩きたくなったろうというのは、私が留守の間フランスをお願いいたしますと、かたわらでは母親ブランシュ・ドゥ・カスティーユの顔も立てることができたからだ。うん、これしかないとルイ九世が思いついた海外旅行は、「十字軍」と呼ばれるのが通例となっている。

聖王の十字軍

ルイ九世には、もちろん真面目な動機もあった。模範的な母親の影響もあって、土台が敬虔な信仰の持ち主であり、十字軍についても関心が薄いわけではなかった。それどころか強く憧《あこが》れていた節もあり、例えば東方ラテン皇帝ボードワンからキリストの茨の冠を買い取り、それを安置するために一二四一年には新しい聖堂の建設に着手したくらいである。パリのシテ島に鎮座していた王宮敷地内の話で、今に伝わるサント・シャペル、ステンドグラスで有名な観光名所のことだ。

十字軍そのものにも、まるきり無関係というわけではなかった。ラングドックの反乱平定といいながら、その背後には異端カタリ派の活動があり、ルイ九世の行動は自動的に異教徒ならぬ異端の撲滅、つまりは十字軍になっていたのだ。

実際のところ、一二四三年の遠征では、イングランド王ヘンリー三世、トゥールーズ伯レイモン七世と立て続けに屈服させただけでは終わらなかった。軍勢はカタリ派の聖地といわれるピレネ奥地の要害、モンセギュールの攻城に取りかかり、四四年三月の陥落まで激戦を演じることになったのだ。

かかるルイ九世を本格的な十字軍に駆り立てるに、その一二四四年は決定的だったと思われる。八月二十三日、神聖ローマ皇帝フリードリヒ二世の手で奪還されたはずのエルサレムが陥落、聖地が再び異教徒の手に落ちたからだ。衝撃の報がフランスに届けられて間もない十二月、ルイは病に襲われ、一時は危篤が宣告されるくらいになった。快癒できたのは「奇蹟」であり、この神の恩寵《おんちょう》に報いるために、王は十字軍を決意したのだと、まことしやかな言い伝えもあるが、むしろ注目すべきは同じ時期にローマ教皇インノケンチウス四世が、わざわざフランスを訪れている事実のほうだろう。

翌一二四五年六月にはリヨンに公会議を召集、約束していた十字軍を履行しない皇帝フリードリヒ二世の廃位を宣言した。続く十一月にはクリューニーで、フランス王とローマ教皇の直接会談が実現、この話し合いで遠征が本決まりになったというのが、ルイ九世の十字軍の真実らしいところである。

いずれにせよ、事は決まった。あとは実行するだけだといいながら、それまた簡単な話ではなかった。まずは留守中の心配がある。一昔前とは異なり、フランス王国はキリスト教の諸国全てを見渡しても、図抜けた大所帯である。それだけに問題も多かったのだ。

第一に国内に割拠している諸侯どもが信用ならない。が、これについては、うまく片づいた観があった。ひとつには一二四六年、アンジュー伯シャルルがプロヴァンス伯領の女相続人ベアトリスと結婚し、この南の領邦を手に入れたことがある。ちなみにシャルルはルイ九世の末弟であり、またベアトリスのほうも王妃マルグリットの末妹になる。かねてからの姻戚関係も太くなって、これで地中海の玄関口は安泰だ。

十字軍のためならばと、神が御膳立てしたわけでもあるまいが、この年の六月にはフランドル伯が、翌四七年の九月にはトゥールーズ伯が、相次いで亡くなることになってもいた。どちらも富裕な大封であるだけに、その継承問題が紛糾しかねなかったが、幸いにも東方に出かける前の話であり、いずれにもルイ九世は積極的に介入して、適正な相続を行わせている。

諸侯に不安材料がないとなれば、次は身内の綱紀粛正《こうきしゅくせい》である。王が留守だからといって、諸々の役人が出鱈目に走らないよう、きちんと釘を刺しておかなければならない。一二四七年、ルイ九世は托鉢修道士を各地に派して、王国の実情調査を大々的に敢行した。役人たちの不正行為、権力乱用、職務怠慢の類を全て告発させ、必要に応じて処罰、更《こう》迭《てつ》、賠償を命じたのである。仕上げが国王不在時における王国摂政の任命というわけだが、だから、これには最初からあてがある。母上、よろしくお願いしますと、女傑ブランシュ・ドゥ・カスティーユを立てれば、もう後顧《こうこ》の憂いはないというわけである。

一二四八年、ルイ九世は三十四歳にして、ようよう十字軍に出立となった。六月十二日、パリ北方に位置する大修道院付属大聖堂の門前町、サン・ドニで巡礼の杖と肩掛けを授けられ、八月二十五日、地中海岸に自らが新設した軍港エーギュ・モルトに到着、そこで大船団を組織することで、ロベール、アルフォンス、シャルルと三人の弟たちを筆頭とする騎士二千五百人、歩卒一万人、文官侍従五千人を数える大所帯を海上東に運ばせた。ほとんどフランス人だけで組織された、世にいう第七回十字軍である。九月十八日にキプロス島に寄航すると、そのまま越冬することになったが、余談ながら、このときルイ九世はモンゴル帝国からの使者二人を引見している。

ルイ九世が進軍先と決めたのは、アイユーブ朝エジプトだった。春一番に行動を開始して、一二四九年六月五日にはダミエッタ占領という快挙をもって、十字軍の緒戦を飾った。ナイルの氾濫期をやりすごし、十一月にはカイロ進軍、十二月からマンスーラ包囲に着手したが、これが躓《つまず》きの石になった。五〇年二月九日の戦闘で、イスラム教徒に手ひどく退けられてしまい、のみならず弟のアルトワ伯ロベールを渦中の戦死に奪われてしまったからだ。四月六日のファリスクルの戦いでは、多くのキリスト教徒たちとともに、ルイ九世自身が捕虜に取られてしまう。五月六日に解放され、五月十三日には聖地アッコンに上陸を果たしたとはいえ、ダミエッタの返還と八十万ビザンツという多額の身代金支払いを約束させられている。

まったく、ひどい目に遭った。が、まだ終わりではなかった。囚われの身からいまだ脱していない仲間がいたからだ。多くの騎士が十字軍の旗を降ろし、フランスに帰国を決めたにもかかわらず、ルイは最後の一人が戻るまでは帰れないとする責任感から、聖地に留まることを決めたのだ。以後一二五四年にいたるまで、捕虜の解放に力を尽くすかたわら、城壁を補修したり、援軍を送りこんだりで、アッコン、カエサレア、ヤッファ、シドンといった海岸諸都市の防衛強化に取り組み、またアンチオキア公国の紛争調停などにも乗り出している。ともにイスラム勢力にあたろうという同盟交渉のため、腹心の托鉢修道士ギョーム・ドゥ・ルブルクをモンゴルに派遣したのも、この時期の話である。

帰国を決意したのは、摂政ブランシュ・ドゥ・カスティーユの崩御を知らされたからだった。偉大なる母は一二五二年十一月に亡くなっていた。その喪失は政治的にも、精神的にも計り知れない意味があった。さすがのルイ九世も決断せざるをえなくなり、五四年四月、かくてアッコンをあとにすることになったのである。

正義と平和の使者として

念願の十字軍だっただけに、それは無念の帰国だった。さほどの成果も挙げられず、強いられた犠牲ばかり大きかった。とはいえ、失敗といえば、ルイ七世も、フィリップ二世も、大した成果を残しているわけではない。実質的な利益を引き出したのは、南フランスに遠征したルイ八世くらいのものだが、その代償か、こちらは命を失っている。

考え方によれば、ルイ九世も生きて帰ってこられただけで上出来だった。が、そうは考えないのが、後の聖王なのである。十字軍が信仰心に直結する営みであるかぎり、さらりと流して次に進めるような、簡単な体験ではありえない。神意を思わざるをえないからには、以後の人生を決定づけられざるをえない。素直で、真面目で、また心優しく繊細でもある好青年は、そんな風に思いつめたようなのだ。

事実、ルイ九世は十字軍からの帰国を境に、人変わりしたと伝えられる。最初に改めたのが自身の生活態度だった。それまでのルイ九世も特に不道徳なわけでなく、時代の常識に照らせば、むしろ善良な部類だった。それが十字軍以後になると、不道徳と責められうる行動を神経質なくらいに気にするようになり、それら全てを排そうとした結果、さながら苦行者か、でなくとも世捨て人のような生活を始めることになったのだ。

騎士ジョワンヴィルは伝えている。

「海外から戻られて後は、王は清貧の暮らしぶりを心がけられ、ただの一度も銀栗鼠《りす》や栗鼠の毛皮、それに薄羅紗《らしゃ》、金色の鐙《あぶみ》、拍車などはお着けにならなかった。上着は普通の羅紗か青の粗毛織、外套や上着の裏地には山羊の毛皮、もしくは野兎や子羊の脚の毛皮だけ使われていた。食生活にも節度を心がけられ、料理係が用意したものに満足しないで、さらにと料理の注文を出すことなどなく、出されたものを食べるだけだった」

自分の次に正したのが、自分の王国だった。ルイ九世は教会の保護に力を尽くし、修道会や施療院など諸々の団体に対しても、ときに度を越したと思えるくらいの厚遇を始める。シャラントンにカルメル派、モンマルトルに聖オーギュスト派、サン・ジェルマン・デ・プレ近くにサック派、旧タンプル門前にはブラン・マント会、タンプル通りに聖十字架会と各派に僧院を寄進して、「かく良き王はパリ市を修道士で取り囲まれた」といわれるほどだった。それでも足らず、ますます神の教えが行き渡るようにと、五七年にはロベール・ソルボンを支援して、パリに神学研究のための学寮を創設している。今日なお権威を誇る、ソルボンヌ大学の誕生である。トマス・アクィナスはじめ、そこに集まる碩学《せきがく》たちとの対話を好んだルイ九世でもある。

　聖界が充実したからと、それだけで俗界が改善するわけではない。ルイ九世は現実の施政においても、徳義を第一に掲げるようになった。その場合も最初は自ら裁きを行い、その公正に努めることだった。パリ東郊外の史跡に今も記念碑が建つ通り、ジョワンヴィルも証言している。

「夏には、しばしば聖餐式のあとにヴァンセンヌの森に行き、腰を下ろして、樫の木によりかかり、そのまわりに他のものも座らせた。問題を抱えている者は誰であれ、守衛に連れられるわけでもなければ、他の人の仲介を要するでもなく、王のところに来ては話をした。王のほうから御自分の口で『ここに厄介を抱える者はないのかね』と聞き、実際に困っている人々がいると、『まずは落ち着きなさい。一人ずつ順に解決していくことにしよう』とこう続けたからだ」

　もちろん、フランス王国は広い。というより、ルイ九世の治世までには、ずいぶん広くなっていた。王がひとりで治められるわけがない。それなりに地方行政も整えられたが、これが権力というものの常で、みる間に腐敗も進捗《しんちょく》させた。十字軍に出発する前、一二四七年の調査でも浮き彫りになり、そのときにも綱紀粛正に努めた実態ではあるが、まだまだ不徹底の誹《そし》りを免れえないとして、ルイは再度の改革に乗り出した。帰国早々の五四年十二月には南フランスに宛てて王国初の法文書とされる大勅令を、五六年には今度は全国に宛てて繰り返して、各地の国王役人に正しい裁判の励行を命じ、さらに管内での贈収賄、借金、不動産取得、有力者との通婚等、不正の温床となる行為を禁止、道徳的にも質素倹約に努め、瀆神《とくしん》的な言動、姦淫、泥棒、賭博、売春等に手を染めないよう戒めたのだ。

かくてルイ九世は自分を変え、また自分の家臣を、自分の役人を変えようとした。そこまでは、なんとかなるとして、どれだけ歯がゆく覚えようとも、なお他人については如何ともしがたい。思い通りにしたいとなれば、大方が武力に訴えるしか手立てがない。

事実、ルイ九世も政治問題を解決するためには、しばしば武力に訴えてきた。有体にいえば、暴力で相手を屈服させてきたのだ。その不徳を恥じたのだろう。以後の王は軋轢《あつれき》ある諸国の君主と、なるたけ和解する方向で外交を改めていく。

一二五八年五月十一日、まずはアラゴン王ハイメ一世との間にコルベイユ条約を結んだ。スペイン辺境領に関する宗主権を放棄するかわりに、アラゴン王にもラングドックの領有権を取り下げさせたもので、ここにフランス王の権力伸張を嫌う南フランスの豪族たちが、ピレネの向こうの勢力を頼むという積年の厄介な構図が解消されることになった。このとき定められた国境は今日までフランスとスペインの国境として続いているが、ルイ九世にしてみれば、ラングドック征服の野心に燃えた父王、ルイ八世の後始末のつもりだったかもしれない。

となれば、次は祖父王フィリップ二世の後始末である。同年五月二十八日、ルイ九世は今度はイングランド王ヘンリー三世との間に、パリ条約を結んだ。イングランド王にノルマンディ、アンジュー、メーヌ、トゥーレーヌ、ポワトゥーを正式に放棄させ、かわりにアキテーヌに関しては、それまでフランス王が実効支配を続けていたリモージュ、カオール、ペリグー司教区内の直轄領を返還するというものである。

新しい勢力範囲は、地図に示してある通りだ。かかる条件で折り合いがつくと、翌五九年にはヘンリー三世がパリを訪ね、アキテーヌ公領を保有する封臣として、封主ルイ九世に臣下の礼を捧げたのである。

百年来の闘争が一応の終息をみた。とはいえ、争いは世の常である。自分に関係ないところでは、なおも暴力が横行する。だとしても、キリスト教徒とキリスト教徒は争うべきでないのだとして、ルイ九世は自らが間に立ち、和解を斡旋することにも意を砕いている。一二五四年にシャンパーニュ継承問題を調停したのを皮切りに、五六年にはフランドル継承問題、フォルカルキエ伯領を巡る弟アンジュー伯シャルルとその義母ベアトリス・ドゥ・サヴォワの争い、六八年には再びシャンパーニュ継承問題等々と、大から小まで介

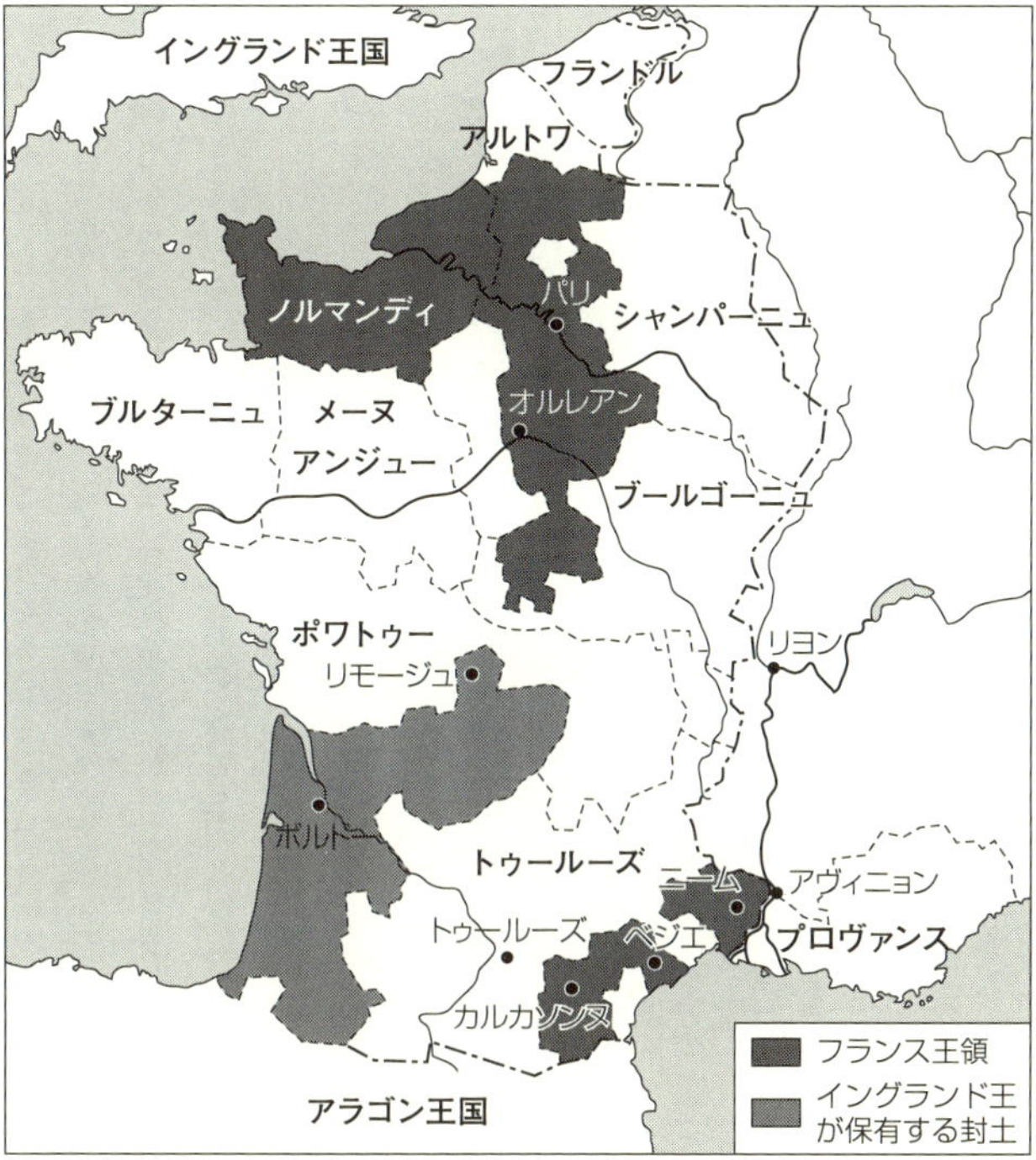

ルイ９世死没時（1270）のフランス

入し、いちいち裁定を下すことで、後の聖王はキリスト教徒の世界に流血の事態が起こらないよう、最大限の努力をしたのである。

そのうちフランス王ルイ九世の名前は、「平和をもたらす王（rex pacificus）」として知られるようになった。かかる正義の振る舞いは、フランス王家に全体なにをもたらしたか。

歴代フランス王の奮闘、わけてもフィリップ二世の壮挙をもって、すでにカペー朝は押しも押されもしない、ヨーロッパ第一等の勢力に成長していた。名ばかりだった王家が、今や実を伴わせたといえば聞こえがよいが、要するに簒奪王朝が力で成り上がったのだ。簒奪王朝というような陰口は、フィリップ二世、ルイ八世と母方から取りこんだ大帝シャルルマーニュの尊い血で封じてしまうとしても、やり口が汚いとか、振る舞いが下品だとか、そうした揶揄は避けられない。恐れられるようになったとしても、なかなか尊敬まではされないものなのである。

この実力一本勝負のフランス王家に、いわば良心を注入することで、道徳的にも、ひいては文化的にも一流と周囲の意識を改めさせたのが、フランス王ルイ九世の正義の振る舞いだった。イングランド王に対する譲歩なども、見方によれば先祖の奮闘を無に帰すような愚行である。苦労して手に入れたものを、どうして手放してしまうのかと、あの世のフィリップ二世など孫に歯噛みしたかもしれないが、そうすることでルイ九世はフランス王家の声望のほうを高めた、いいかえれば辺陬《へんすう》の土地とひきかえに、諸国に鳴り響くプレスティージを手に入れたのである。

事実、フランス王家はルイ九世の治世から、神聖ローマ皇帝にかわる役回りまで期待されるようになる。調停者としての働きも、フランス国内に留まらず、しばしば他国にまで及ぶ。帝国領ブールゴーニュ伯領に関しては、伯家のジャンとユーグの親子戦争を調停したり、シャンパーニュ伯チボー五世との係争を解決してやったり、あるいはブザンソン市民と大司教との抗争を止めさせたりと、日常的に干渉していた。同じく帝国領ロレーヌについても、リニィの支配を巡って、かたやフランドル伯とバール伯、かたやルクセンブルク伯に分かれた争いを調停している。なかんずく有名なのが、一二六四年一月二十三日のアミアン裁定であり、イングランド王ヘンリー三世とレスター伯シモン・ドゥ・モンフォールの泥沼の闘争を、強引なくらいの介入で止めさせている。

イタリアにおいても、皇帝派と教皇派の調停を頼まれることが珍しくなくなった。シチリア王国の継承が揉めたときなど、教皇ウルバヌス四世の依頼に応える形で解決に乗り出している。もっとも教皇は元国王顧問のフランス人であり、後継のシチリア王に推したのもルイの実の弟シャルル・ダンジューであれば、現世的な意味でもフランス王家の権力を伸張させたことにはなる。

もとより、ルイ九世の徳義だけで説明できる話ではない。一豪族にすぎなかったら、どんな善を唱えても、空文と笑われるだけである。端的にいうならば、ユーグ・カペーが王の名を、フィリップ二世が王の実を、ルイ九世が王の品格を、それぞれに獲得したからこそ、フランス王家はヨーロッパを指導する立場に立てたのである。

ひたすらに神のため

ルイ九世にしてみれば、あれやこれやの努力もフランス王家の誉れを称揚せんとするより、単純に先の十字軍の無念を晴らすためだったかもしれない。我が身にこそ聖地奪還の栄光を与えてくださるようにと祈るなら、普段から徳義を重んじ、神にみこまれていなければならないと、そういう素朴な思いこみがないではなかったはずだからだ。

実際のところ、ルイ九世は一二六七年頃から、再び十字軍を志向するようになる。遠征の準備を進めて、七〇年三月には巡礼杖と頭陀袋を授かり、七月には三人の息子、王太子フィリップ、ヌヴェール伯ジャン・トリスタン、アランソン伯ピエールらを従えて、エーギュ・モルトから地中海に船を出した。サルディニア島のカリアリを経由した時点で、同志の軍勢に告げられた行き先が、北アフリカのテュニスだった。七月十八日に上陸を果た

臨終の床のルイ９世

『聖ルイ一代記』より、パリ：国立図書館

したものの、一番に襲いきたのは今度は疫病だった。陣中に蔓延する病気は人を選ばない。ルイ九世もその身を蝕まれ、八月二十五日、そのまま陣没してしまう。

同日に着陣した加勢が、シャルル・ダンジューだった。ルイ九世の末弟は先に述べたような事情から、一二六六年一月にシチリア王に即位していた。この王位継承については、前王の系譜を支持するシチリア国内のシュタウフェン派から異議申し立てがあり、新王を支持する一派との間で抗争になっていた。かねてシチリア王家に朝貢していたテュニスも、その争点の一部だった。シャルル・ダンジューの着陣は、かかる文脈から読み取られるべきもので、事実、太守アル・モスタンシルとの間で十一月に決する撤退交渉においては、賠償金の支払い、ならびにシチリア王に払うべき年貢の増額更新など、テュニス支配の強化に主眼が置かれている。とすると、ルイ九世も十字軍とは名ばかりで、その実の目的は弟の支援に他ならなかったのか。

実のところ、シャルル・ダンジューの参加を取りつけるのも、ようやくのことだった。その王弟はテュニスを押さえられるならばと、渋々ながらの十字軍にすぎなかったのであり、雰囲気はルイ九世の最初の十字軍のときから一変していた。いや、最初の十字軍のときからして、すでにキリスト教世界を挙げた盛り上がりにはならず、実質的にはフランス王国の騎士たちだけの活動になっていた。今回は、それさえ動きが鈍かったのだ。ローマ教皇庁の積極的な後援あったわけでもなく、はっきりいえば、ルイ九世の独りよがりな遠征だったのだ。

それでも、あきらめない。出し渋る教会や都市を説得しながら、なんとか軍資金を集め、なるだけ大勢の参加を募りたい、シャルル・ダンジューが参加してくれるなら、シリアやエジプトに向かう足場になるのだから、とりあえずの遠征先はテュニスで構わないとまで妥協しながら、ルイ九世は再び十字軍をという思いを捨てなかったのだ。

ひたすらに神のためと、それしか頭にない晩年だったかもしれない。あっけないくらいの病死に果てた聖王は、享年五十六歳だった。

8　勇敢王フィリップ三世（一二七〇年～一二八五年）

名君の息子

聖王ルイが前王の次男であったと同じく、フィリップ三世もルイ九世の次男である。とはいえ、兄の死没はごく幼い時分の話だった。早くから王太子の自覚を持たされた、事実上の長男といってよい。あるいは父が父で素直な好男子であったなら、息子も息子で、名君の誉れ高く、ヨーロッパ全土に敬われた偉大な王の跡を我こそ継ぐのだと、絶えず自分に言い聞かせてきたような、模範的な後継者だったというべきか。

実際、父王の影響は小さくなかった。行動をともにする機会も多く、一二七〇年にルイ九世がテュニスで病に倒れたときも、そのかたわらにフィリップはいた。これぞキリスト教世界の王たる責務と教えられるまま、父王の十字軍に参加していたからだ。

騎士ジョワンヴィルの伝えるところを引こう。

「テュニスに到着したあと、王はカルタゴ城を前にして病と下痢に襲われた。長子であられるフィリップ殿下も王と同じ下痢を伴う四日熱だった。王は床に就いたが、この世界からもうひとつの世界に間もなく旅立つことになるだろうと観念なされた。そして御子息のフィリップ殿下を側に来させ、遺言として遺す教え全てを守るよう命じられた。それはフランス語で書かれ、それも王が自らの聖なる手で筆を走らせたものである。中身というのが、こうだ。我が子よ、そなたに教える第一は、神を愛することを心がけよ、さもなくば何人《なんぴと》たりとも救われることがないという真実だ。同じく自らに戒めねばならないのは……」

懺悔せよ、教会を敬え、キリスト教徒と戦争をするなと、こんな調子の遺言を、えんえんと授けられながら、かくて二十五歳の若者は新しいフランスの王となったのである。

フィリップ三世の最初の決断は、さらなる続行は困難として、十字軍を断念することだった。叔父シャルル・ダンジューらとともに九月にテュニスの太守と和睦、七一年五月にはフランスに帰国し、八月十五日にはランス大聖堂で塗油聖別式、つまりは古式ゆかしい戴冠式を挙行した。名実ともに、新時代の幕が開けた。とはいえ、さほど様変わりはしなかった。だから、新王は模範的な息子なのだ。自らの治世も父王の遺言通りに始めたのだ。

傑物を父に持つと、差はあれ息子は苦労するものである。往々にして拗《す》ねたり、ぐれたり、暴れたり。が、それなら、ある意味では楽である。逆に正常遺伝というか、傑物の子に相応の器量が恵まれていたりすると、他愛なく親を否定することもできなくなる。カペー朝の歴史でいえば、フィリップ二世の息子ルイ八世と、ルイ九世の息子、本章のフィリップ三世がそのケースだ。ともに獅子王、勇敢王（le Hardi）と猛々しい異名がついているが、そう同時代人が呼んだというのも、内心の焦りの表れのようなものを、目敏く捉えたからかもしれない。とはいえ、この二人の苦労も、各々で微妙に異なる。

ルイ八世の場合、その焦りは過剰なくらいの征服欲になった。それが災いして落命の憂き目に遭うわけだが、フィリップ二世が人格者という玉ではなかった分だけ、まだしも気持ちは楽だったかもしれない。フィリップ三世の場合は、父親がキリスト教の諸国に留まらず、異教徒の国々からも尊敬される名君だった。同じだけの偉業をなそうというのみならず、同じような偉人になろう、人格的にもルイ九世に近づかなければならないと、自らを律しなくてはならなかった。言葉を換えれば、がんじがらめに心の内まで縛られる。人格まで自前のものを許されない。ことによると、主体性に欠けることにもなりかねない。

寵臣政治

事実、フィリップ三世は周囲の影響を受けやすい王だった。かかる弱点が端的に現れたのが、統治初年の寵臣政治である。

寵臣の名はピエール・ドゥ・ラ・ブロス。トゥーレーヌ出身の貴族で、一二六六年から先代ルイ九世の侍従を務め、崩御に終わる最後の十字軍にも同道していた。その遠征中に捉えたのが王太子フィリップ、つまりは後のフィリップ三世の心であり、フランスに帰国するや若い主君の威光を笠に専横のかぎりを尽くす。が、その栄華も長くは続かなかった。だから、今上フランス王は主体性に欠ける人物なのだ。

フィリップ三世の最初の結婚は王太子時代の一二六二年、五八年にアラゴン王家との間に結ばれたコルベイユ条約を、さらに固いものとするための縁談だった。嫁いできたイザベルは王太子妃として、数年のうちにルイ、フィリップ、シャルルと三人の王子を儲けているから、夫婦仲も悪くなかったようだ。とはいえ、その仲睦まじさが災いすることもある。十字軍の遠征先まで夫に同道し、身重になったあげくがフランスへ帰国途上のイタリアで事故に遭い、そのまま落命してしまったからである。

残されたフィリップは二十五歳、普通に考えても、そのまま寡夫で終わる年齢ではながない。終わりたくとも、ひとたびフランス王の玉座に登れば、再婚話が持ち上がらないわけがない。

一二七四年に迎えた二度目の花嫁が、神聖ローマ帝国領ブラバントの公家の姫君、十四歳のマリー・ドゥ・ブラバンだった。だからどうした、といわれそうだが、この時代の妃というものは、往々ひとりではやってこない。一族郎党を引き連れて、ときには嫁ぎ先に新たな派閥をなしてしまう。今回も新しいフランス王妃には、父方のブラバント系、母方のブールゴーニュ系と、ごっそりついてきた。縁談から最大限の利益を引き出してやるつもりであれば、幅を利かせている王の寵臣、ピエール・ドゥ・ラ・ブロスが目障りだ。

両派の争いが始まった。こちらの王妃派がラ・ブロスは王を同性愛で汚しているのではないかと囁《ささや》けば、あちらのラ・ブロス派は一二七六年に起きた王太子ルイの病没を捉えて、あれは王妃派の毒殺だったに違いないと噂を流す。あまりな話だ、それこそ同性愛に下された神罰ではないかと、王妃派も再び返す刀なのであり、聞くに堪えない中傷合戦にも発展した。最後は王妃派が勝利を収めて、ラ・ブロスの逮捕、さらに処刑へと運んでしまうのだが、気に入りに勝手な真似をされたと激昂《げきこう》するかと思いきや、フィリップ三世は少しも怒らず、いよいよ若妻のいいなりだというのだ。

事実、マリー王妃の好みでフランス王宮は華美になった。ルイ九世の遺訓に従い、それまで清貧を旨としてきたものが、である。もちろん、ブラバント公領、ルクセンブルク公領、ブールゴーニュ伯領というような帝国領出身の王妃派は、今や我が物顔で親ドイツ政策を押しつけてくる。とはいえ、やりたい放題も際限ないわけではなかった。返す返すもフィリップ三世は主体性なく、他者の影響を受けやすい人物なのだ。

妻に輪をかけて逆らえないのが母親だった。母后マルグリット・ドゥ・プロヴァンスの、先王の御世から散見された勝気も、いよいよ見境なくなっていた。未亡人の境涯に置かれるにつれ、身内の情ばかりが高じてしまったらしく、贔屓《ひいき》が甚だしかったのが妹アリエノールの嫁ぎ先、イングランド王家だった。親ドイツ政策を押しつけるなど、マリー・ドゥ・ブラバンときたら嫁の分際で差し出がましいにも程があると憤りながら、こちらも息子の政治に干渉して、親イングランド政策を押しつけたのである。

派閥闘争というより、これは嫁姑問題か。まあ、この種の家庭内トラブルに悩まされる気弱も、父王ルイ九世譲りといえないこともない。両派の間を右往左往しながら、フィリップ三世は先王の遺臣サン・ドニ大修道院長マテュー・ドゥ・ヴァンドームを不動の相談役に、とにもかくにもフランス王としての責務を果たしていく。

してみると、主体性に欠ける優柔不断な君主というのも、一概に悪いとはいえないのかもしれない。どちらか一方に偏るということがないからだ。事実、フィリップ三世の治世はバランス感覚に優れた穏当なものだった。自分を前面に出しすぎて、極端に走る嫌いがないので、大きな失敗もありえなかった。波乱の諸王たちに比べると、ホッとできるような安定感があったのであり、むしろ民人にしてみれば、名君たちの治世より暮らしやすかったかもしれない。

内政の進化

堅実な仕事ぶりで、フィリップ三世はフランス王家の権勢も着実に拡大している。まずは名君愚君を分ける大きな指標、王領の拡大を挙げなければならない。

最初の成果が即位間もない一二七一年の話で、アルフォンス・ドゥ・ポワティエの死去に伴う相続だった。叔父にあたるアルフォンスは、例のラングドック問題の解決として、トゥールーズ伯レイモン七世の一人娘ジャンヌと結婚していた。つまりは地図に一目瞭然となるように、自前の親王領であるポワティエ伯領に加えて、トゥールーズ伯領を皮切りとする南部の広大な領地まで手中に収める大封の持ち主だった。

これが子に恵まれないまま、妻を失い、ほどなく自分も鬼籍に入った。となれば、相続人は甥であり、本家の総領でもあるフィリップ三世を措《お》いてない。無難に処理して、ポワトゥー、オニス、サントンジュ、オーヴェルニュ、トゥールーズ、アルビジョワと王領に編入したといえば、単なるタナボタのようだが、遺産相続は揉めるというのが世の常なのだ。

こたびもラングドックの諸領に関して、フォワ伯が異を唱えた。のみか実力行使を試みたので、フィリップ三世は懲罰のための遠征に出発しなければならなくなった。一二七二年六月五日にフォワを占領、あっさり伯を屈服させて、こんなことなら最果てのピレネまで、わざわざ出馬するまでもなかったようだが、本題は軍事行動ではなかった。行く先々で人々の直訴を受けつけながら、長くトゥールーズ伯家に統《す》べられてきた異邦に、伯を凌駕するフランス王の権威を印象づけて回ることこそ、真の狙いだったのである。

平たくいえば、顔見世行脚だ。とはいえ、インターネットも、テレビも、新聞も、写真すらない当時の状況を考えれば、王自らが足を運ぶということの意味は現代人が思う以上に大きい。飛行機も、新幹線も、自動車にも頼れない当時の交通事情にありながら、その手間を横着することなく、黙々と務めをこなすフィリップ三世は、首尾よく南フランスの新王領を安定させたのである。

とはいえ、やはり主体性に乏しいというか、いまひとつ我が弱いというか、あるいは育ちがよすぎたせいなのかもしれないが、がめついところはなかった。フィリップ三世は新王領のなかから、アヴィニョンを首邑とするコンタ・ヴネサンと呼ばれる領地を分けて、ローマ教皇に寄進している。一帯はフランス大革命まで、ローマ教皇庁の飛び地であり続けることになる。

サントンジュの南半分にアジュネを加えた一角については、こちらはアキテーヌ公たるイングランド王家に下賜することにした。母后肝煎《きもいり》の親イングランド政策の一環だが、一二七三年にはエドワード一世に臣下の礼を捧げさせ、続く七九年にはアミアン条約を結び、このまま平和が続くならば、えい、ままよと、最後はイングランドの叔母アリエノールに、フランス北岸アブヴィルとポンテューを進呈することまでしながら、フィリップ三世はひたすら関係の安定化に努めたのである。

一二八一年にはフランス北岸ギーヌ伯領を、今度は購入という手段で手に入れている。リヨン、モンペリエ、ヴィヴァンというような有力都市に結びつくにあたっては、まず共同領主権を設定し、しかる後に併合に運ぶという穏やかな手法を好んでいる。かたわらで下の息子シャルルとルイには、それぞれ親王領としてヴァロワ伯領、エヴリュー伯領と与えて、相変わらず鷹揚なところもみせる。フィリップ三世のスタイルは、やはり力ずくの荒仕事ではないのである。

それでいて、先人が遂げられなかったシャンパーニュ併合という大仕事まで、すっかり手筈を整えてしまうのだから、なかなか、どうして、やはり手腕は侮れない。

いうまでもなく、シャンパーニュ伯領は長年の頭痛の種だった。伯自体が富強の諸侯で、しかも代々野心家だったのみならず、同門がブロワ伯領を支配している事情もあった。フランス王家の本拠イール・ドゥ・フランスからみれば、シャンパーニュは東隣り、ブロワは西隣りであり、つまりは二伯家に分かれた一族に挟撃される体だった。この不利な情勢を切り崩し、あまつさえ自領に変えることができれば、いよいよパリの都は磐石である。まさにカペー朝の宿願だったが、フィリップ三世は稀な好機を見逃すことなく、それを見事に果たしたのだ。

一二七四年、シャンパーニュ伯アンリが没したとき、残されたのは一人娘のジャンヌだけだった。これが女伯として継承を果たしたが、いうまでもなく狙われやすい。一二三四年以来、シャンパーニュ伯家はナバラ（ナヴァール）王を兼ねることにもなっていたので、ピレネ山麓の王国という餌までぶらさがっていれば、なおのこと野心家たちは素通りしない。

女伯が保護を求めた先が、フランス王フィリップ三世だった。七五年五月に取り結ばれたオルレアン条約で、ジャンヌが成年するまで諸領はフランス王家の管理下に入ることになった。となれば、好機到来であり、フィリップ三世は手中の女伯兼女王をして、自らの王子フィリップ、つまりは遠からずフランス王フィリップ四世となる王太子と婚約させてしまったのだ。

正式な結婚が一二八四年で、王太子フィリップは「ナバラの王にして、シャンパーニュとブリィの伯」となる。すでにしてフランス王家の勢力下であり、のみかフィリップがフランス王に即位した暁には、シャンパーニュとブリィは王領地に組みこまれる。フィリップ三世としては、してやったりなのである。

ときに王家のシャンパーニュ支配は、トロワ、モー、ヴィトリ、ショーモンという、それまで伯家が統治に用いた四バイイ官区を、そのまま用いて行われることになった。かたわらでナバラのほうは、トゥールーズ・セネシャルの管轄に入れられて、支配の貫徹が図られた。バイイ、セネシャルという国王代官は、在地においては文字通りにフランス王のかわりをなす者として、封建領主を服従させることもする。それはシャンパーニュ伯領やナバラ王国のように、事実上王家の支配に浴している土地だけの話ではなかった。

フィリップ三世の時代以後、ブールゴーニュ公はマコン・バイイに、アキテーヌ公はペリゴール・セネシャルに、それぞれ従属させられた。法理論的には可能な話として、相手は自身で自立している独立勢力である。それを代官に従属させるなどという強権を、実力の論理が貫徹する中世社会で、どうしてフランス王家ばかりが発動できたのか。

バイイ、セネシャルは代官であり、その職能の重要な部分として、それぞれの任地で裁判を行うことができた。そこで解決できなかった案件、あるいは当事者が納得しなかった案件は、パリの高等法院に持ちこまれる。いわば、王家の膝元にある「最高裁判所」への上訴である。かかる上訴の発想は、もう一段下のレベルでも発生する。バイイ、セネシャルのところにも、それを「高等裁判所」と目して上訴する者がいたからである。それがブールゴーニュ公なり、アキテーヌ公なり、「地方裁判所」ともいうべき封建諸侯の裁きを不服とする輩で、明らかに利害が相反する場合など、はじめからフランス王の代官に訴える場合もあった。権勢を飛躍的に伸張させたフィリップ二世、その実力に権威のカリスマを加えたルイ九世と続けば、いかな封建諸侯もフランス王の介入には、容易なことでは逆らえなくなっていたのである。

かくて上訴のシステムが作られていくが、それはブールゴーニュ公なり、アキテーヌ公なり、それまで事実上の独立を謳歌してきた勢力が、自領に対する不輸不入の権を守れなくなりつつあったことを意味する。裏を返せば、今やフランス王国は名目上の枠組みに留まらない、現実の国家システムに転化しつつあったのである。

プランタジュネ家の末裔についても、「イングランド王にしてアキテーヌ公たるエドワード」ではなく、「アキテーヌ公領を有するイングランド王エドワード」というような言い方に変わる。フランス国内にあっては一介の領主にすぎず、フランス王の支配を拒める自立性はないという含意である。フランドル伯領、ブルターニュ公領などには特使を派して、その行政を監督することまでしながら、静かなる王フィリップ三世は、先人たちが手を触れることができなかった諸侯領にも、直接支配の手を伸ばし始めたのである。

アラゴン遠征

フィリップ三世にすれば、戦争など下策以外のなにものでもなかったのかもしれない。が、その下策に手を染めなければならないときもある。というか、十字軍の最中に即位した王であれば、その治世の最後も十字軍というのは、一種の因縁だったのかもしれない。そんな大袈裟な話でなく、あるいは主体性の弱さが、やはり仇になったというべきか。

実際のところ、話は余所から持ちこまれた。ルイ九世の遺臣シモン・ドゥ・ブリオンこと、ローマで立身を極めた教皇マルチネス四世と、ルイ九世の弟で、フィリップ三世には叔父にあたるナポリ・シチリア王シャルル・ダンジューである。

イタリア半島の政局において共謀する二者は一二八三年、各市、各地において長らく教皇派（ゲルフ）と勢力を二分してきた皇帝派（ギベリン）の一掃を計画した。かかる敵の後ろ盾がアラゴン王ペラ三世だったというのも、この地中海を股にかける新興勢力こそ、パレルモに駐留していたフランス人を惨殺して、島内に実効支配を敷きながら、シチリア王を自称していたからである。

シチリアを握るアラゴン王ペラ三世は、教皇マルチネス四世にとってはイタリア政策の邪魔、シャルル・ダンジューにとっては自らの王国の一部を強奪した怨敵ということになる。向こうがアラゴンの国力を背景に圧力を加えてくるなら、こちらも負けじと、大国フランスを動かしてやろうというわけである。

三月二十一日、教皇はアラゴン王の全ての権利を剝奪する旨を宣言した。シチリア島をシャルル・ダンジューに返還させるのみならず、アラゴン王国まで取り上げるという話だが、それをフランス王の息子のひとりに与えるとつけくわえて、要はフィリップ三世を巻きこむための餌とした。

これを受けて、フランス王はブールジュで十一月、高位聖職者と有力貴族を集めた重臣会議を召集した。いざ議題に挙げられると、参加者はおおむねアラゴン遠征に賛成した。というか、当のフィリップ三世だけが躊躇の素ぶりだったという。それも翌一二八四年二月、パリで改められた重臣会議で、再度イベリア半島への出征が支持されたとなると、いよいよ覚悟を決めざるをえない。アラゴンの王位は下の王子シャルル・ドゥ・ヴァロワに与えると宣言しながら、フィリップ三世は重い腰を上げたのだ。

ローマ教皇の呼びかけに応えて、形としては十字軍だったが、実質的には侵略戦争である。一二八五年、フランス王の軍勢はルションに侵攻した。九月にはゲロンヌの包囲にかかるが、地中海に援軍を運んだ艦隊が四日、アラゴン艦隊の攻撃で撃沈の憂き目に遭い、包囲軍は孤立を余儀なくされた。十月五日、フランス軍はペルピニャン撤退まで強いられたが、その道程でフィリップ三世は疫病に取り憑かれてしまう。

六日、そのまま王は陣没した。柄にもなく、戦争に手を染めた罰なのか。十字軍に始まり、十字軍に終わるというより、その途上で無念の死を迎えてしまうというのが、祖父王ルイ八世の末路にも似通う、名君の息子の宿命というものなのか。あるいはフィリップ三世らしい幕引きだったのかもしれない。

9　美男王フィリップ四世（一二八五年〜一三一四年）

謎めく美貌

一二六八年生まれだから、フィリップ四世は父王が没した一二八五年には、まだ十七歳でしかなかった。とはいえ、その前年には騎士叙任、つまりは西洋流の元服を済ませ、直後には許嫁《いいなずけ》のジャンヌ・ドゥ・ナヴァールと正式な結婚も果たしているので、もう十分に大人だったという見方も可能である。

さておき、フィリップ四世は「美男王（le Bel）」の名前で歴史に残っている。端整な顔立ち、華やかな金髪、さらに人垣から頭ひとつ抜けるくらいの長身だったとも伝えられ、非常な美男であったことは間違いない。が、それをいうなら、同じ血統なのだ。前にも、後にも、美男の王はいたはずである。にもかかわらず、フィリップ四世だけが、どうして容姿ばかりを取り上げられたのか。

フィリップ４世

パリ：国立図書館

その美貌を形容するに例えば、後に触れるような確執あった司教ベルナール・セッセなどは、「石像のようだ」としている。さらに「梟《ふくろう》」と綽名をつけたほどで、それというのも「鳥のなかで最も美しいながら、なんの役にも立たない」からだという。「人というより動物だ」とまで酷評しているのは、極端に言葉が少ない王だったからで、その寡黙ぶりについてはフランドル伯ギイなども証言を寄せている。

憶測はさらに進んで、喋らなかったというより喋れなかった、つまりは知的レベルが低かったからこそ、容姿の他には特筆するところもなく、したがって「美男王」の名前を残すしかなかったのだと、そんな説まで唱えられている。

いや、エジディウス・ロマーヌス、ウィリアム・デルクイスと、パリ大学の碩学たちを家庭教師につけられた王子は、ボエティウスくらいなら自在に読めるラテン語力があったと反論する向きがあり、またあるいは極端な無口は母と兄が幼くして死んだことの心傷のためなのだと解釈する立場もあったりして、本当のところはわからない。というか、喋らなければ、そもそもが馬鹿も利巧も、容易に判断つけられないのだ。

フィリップ四世は、その行動からもキャラクターを特定できない王である。事績は矛盾に満ちて、一貫性を見出すのが容易でないのだ。かたわらでは信仰心が厚いとされ、また祖父王ルイ九世をこよなく尊敬していたと伝えられる。一二九七年に実現する列聖に向けた運動も、この孫王が始めたものである。モン・サン・ミシェルやブーローニュのノートルダム大聖堂と近場ながら、二度も巡礼の旅に出ているし、モービゾン、ロンポン、ポワシィなどでは、しばしば僧院に長逗留した。まさに模範的なキリスト教徒かと思いきや、後にみるようにローマ教皇に侮辱を加えてみたり、騎士修道会を潰してみたりと、いくらかでも信仰心がある人物なら、とても手を染められないような破廉恥行為も、ときに辞すことがないのである。

行動を起こすときは、自らが表立たなかったことは事実だ。それでいてフィリップ四世は、尊厳王フィリップ二世、聖王ルイ九世に並ぶ、カペー朝屈指の名君とされている。そう評価されるに足る業績が、その治世には記録されているからである。

一体どうやってと考えるまでもなく、答えは簡単である。フィリップ四世の周囲には、王のかわりに表立って活動してくれる人材がいた。かかる人材に注目することで、美貌だけの無能な王は連中に担ぎ上げられていたのだとか、本人は無害な信心家だったが、連中の暴挙を止められなかったのだとか、そうやって数々の矛盾を説明しようとする立場もある。かたわら、自らの手足とするべく、敏腕家たちを意図して集めたとするならば、それ自体がフィリップ四世の非凡を証明しているとも唱えられる。

繰り返すが、実際のところは、わからない。ただ「法律顧問《レジスト》」と呼ばれた注目の人材についてだけは、触れないわけにはいかないだろう。

法律顧問

法律顧問というが、そう呼ばれた面々の活躍は多岐に及んでいる。実質的には王の側近くらいに捉えてよかろうが、これに法律顧問と特別な言葉が与えられたのは、文字通り法律の専門知識を擁して王の顧問会議に出席する、そうしたタイプが新しかったからだ。

従来の顧問といえば、第一に王族だった。フィリップ四世の顧問会議にも王族は少なくなく、ヴァロワ伯シャルル、エヴリュー伯ルイといった王弟たち、ナバラ王国の統治に関しては王妃ジャンヌ・ドゥ・ナヴァール、さらに年が進んでからは王子たち、とりわけ長子の王太子ルイが顧問会議に呼ばれるようになる。

王族に続くのが貴族たちで、大貴族から小貴族まで洩れないながら、その中核を担うのは王領で封を与えられている城主たち、いわゆる王家の譜代である。同じ出自でも次三男なら往々聖職に進むわけで、こちらは大司教や司教、大修道院長や修道院長として名前を連ねる。これまたフィリップ四世の時代も同じで、その意味では王家の伝統と断絶しているわけではないのだが、なお新しいといえるのは、平民出の顧問が少なくない、というより一大勢力をなしていた点なのだ。

もちろん王の側近に召されてからは、大半が貴族の位を与えられる。それでも旧来の顧問層とはまったく別という印象があるのは、いずれも大学で法学を、それもローマ法学を修めた、いうなればキャリア官僚的な能吏《のうり》だったからである。

かくて法律顧問の言葉が出てくるわけだが、かたや北のオルレアン大学卒、かたや南のトゥールーズ大学、またはモンペリエ大学卒と、それらしく学閥もあるから面白い。ノルマンディの小貴族アンゲラン・ドゥ・マリニィのように、法律顧問を代表する個性であるにもかかわらず、どちらの学閥にも属さない例もあるが、いずれにせよ、それらは生まれよりも実力を重視されたエリートたち、新しいテクノクラートたちなのである。

では、この法律顧問たちは具体的に、どんな働きを示したのか。さしあたり挙げるべき業績は、政治的な標語を巧みに拵《こしら》えたことか。

「王はその王国においては皇帝である」

「王が欲するところは、法が欲するところである」
「王はその王国を自らの剣と自らの権にしか負うていない」
かかる標語が意味するところを読みこめば、フィリップ四世と法律顧問たちが目指したところも、自ずと浮かんでみえてくる。

唯我独尊

十三世紀末葉、すでにしてフランス王家は強大な勢力だった。が、それで満足することなく、より強い王家の実現を、いや、最高に強い権力の出現を目指したのが、フィリップ四世とその法律顧問たちだった。王を単なる傀儡《かいらい》とみるのでなく、そこに主体性の発露を読み取るならば、祖父ルイ九世を尊敬していたと伝えられながら、いっそう濃く受け継いだのは、そのまた祖父にあたるフィリップ二世の血だったといえる。

端的な例を挙げれば、イングランド王家に対する姿勢だ。ルイ九世は持ち前の平和主義でパリ条約を締結した。フランス由来のプランタジュネ家として有する大陸領土を、徹底的に奪い尽くそうとするのでなく、祖父フィリップ二世の覇業を反故《ほご》にして、征服地の一部を返還してまで、平和的共存を図りたいという姿勢だった。ところが、その孫のフィリップ四世はといえば、そのパリ条約を無視して、イングランド王との闘争を再燃させたのだ。

発端は一二九二年、ノルマンディ船とバイヨンヌ船が起こした小競り合いだった。由々しき事態と騒ぎながら、フィリップ四世は封主フランス王の名において、封臣アキテーヌ公たるイングランド王エドワード一世を宮廷に召喚した。先般の不祥事を弁明しろというわけだが、これにエドワード一世は応じなかった。九四年五月十九日、そこまで待てば出頭拒否も確定だろうと、フィリップ四世はエドワードに与えられていたフランス王国における全封土の没収を宣告した。続くはフィリップ二世ばりの覇業か、ならば先手必勝あるのみだろうと、イングランド王のほうが先にカスティヨン、ブレイ、バイヨンヌと大陸に軍勢を上陸させ、かくて百年来の闘争が再燃したのである。

飛んで火に入る……とほくそ笑んだかもしれないが、だからとフィリップ四世は自分で出陣するわけではなかった。それは戦争に長《た》けた王弟、ヴァロワ伯シャルルの仕事だった。一二九五年、シャルルは全アキテーヌの占領を完了した。とすると、あちらのイングランド王は九七年一月七日、フランドル伯ギイと結ぶという同盟外交に訴えた。フィリップ二世の時代を彷彿とさせるといえば、ブーヴィーヌの戦いのときと同じに、また南北から挟み撃ちの目論見なのである。

これに今度はフランス王が先制攻撃を仕掛けた。六月にフランドル侵攻、八月二十六日

フィリップ4世(中央右)に敬意を表するイングランド王エドワード1世　パリ：国立図書館

にはフュルヌの戦いで伯軍を打ち破り、ひとまずは優勢の図式において、十月九日にヴィル・サン・バヴォンで休戦に応じた。挟撃態勢を崩されて、強く出られないイングランド王に声をかけると、こちらとも交渉に入り、一二九九年六月十九日のモントルイユ条約で和平とした。フィリップ四世の妹マルグリットがエドワード一世と、娘のイザベルがイングランド王家の王子と、それぞれ結婚することも定められた。

しかしながら、これでおとなしく矛をおくフィリップ四世ではない。挟撃態勢を崩されて、強く出られないのはフランドル伯も同じだが、こちらと結んだのは和平でなく、ただの休戦だったのだとして、すぐさま戦争再開だった。

一三〇〇年、戦争担当の王弟ヴァロワ伯シャルルは、ドゥエイ、ベテューヌ、リール、クールトレ、ブルージュと、主要都市を次から次と占領し、のみかフランドル伯とその息子まで捕虜に捕らえた。一三〇一年にはジャック・ドゥ・シャティヨンがフランス王のフランドル代官に抜擢《ばってき》されて、その実効支配をいよいよ強固なものにした。

まさに向かうところ、敵なしである。そんなフランス王にも、ひとつだけ大きな泣きどころがあった。お金である。軍資金は常に不足していた。これだけ戦争ばかりしていれば、当然の話ともいえるのだが、他面やむない事情がないではなかった。

軍隊が別物になろうとしていた。従来のそれは封主の召集に封臣が馳せ参じる、いわゆる封建軍であり、基本的には軍資金などいらなかった。日本の封建社会と同じに、御恩と奉公の原理で成立しているからで、知行を認めている領地そのものが給養の手段なのである。ところが、このあたりヨーロッパの感覚はドライだというか、その無償奉公も四十日と時間が切られたものだった。四十日がすぎれば、封臣は封主が勝ち戦を逃そうが、負け戦を強いられようが、知らぬ顔で戦場を離れてよい。フランス王とイングランド王の両者に領地を与えられていた場合など、最初の四十日をフランス王軍で、次の四十日をイングランド王軍で戦うというような真似も可能である。

でなくても、これが微妙な日数だった。例えばフランス王が地盤のイール・ドゥ・フランスを平定するというなら、もう四十日の戦争で十分である。あるいは電光石火の作戦ならば、ノルマンディやフランドルにも遠征できるかもしれない。が、それもアキテーヌとなると、もう苦しい。にもかかわらず、権勢を拡大したフランス王は今や、そういう遠隔地での戦争もやらなければならない立場、つまりはカペー朝というような「家」の戦争、「私」の戦争でなく、フランス王国というような「国」の戦争、「公」の戦争を担わなければならない立場なのだ。

それを遂行するとなると、もはや封建軍は役に立たなくなりつつあった。かわりに用いられたのが傭兵隊で、つまりは給料を支払わなければならない。封建軍を召集した場合でも、四十日たったからと戦争を放棄されないように、だんだん給料が支払われるようになる。その給料のことを仏語でソルドといい、これが英語のサラリーの語源とされる。

フランス王には頭の痛い話になった。出費のほうは増大したが、収入のほうは封建軍でやっていた頃のままだからである。王とて経済的には、昔ながらの領地収入で暮らすしかなかったのである。

ならば、戦争はあきらめるか。いや、あきらめられるはずがない。フランス王たるもの、唯我独尊の超越的な地位を誇らなければならないからだ。新たな財源を探さなければならない。フランス王だけが持ちえる新たな財源を確保できなければ、せっかく拡大した権勢も足元から崩れ始める。

実際、フィリップ四世は統治初年から、あの手この手で収入増に励んでいる。最も簡単なのが、一介の領主には認められていない国王大権のひとつ、貨幣鋳造の権利を援用するものだった。一二九〇年にロワイヤル金貨、九五年にドブレ金貨と、金の含有率を下げた改鋳を断行して、その差額分を王は自分の懐に入れたのだ。

領地の年貢とは原理が異なる、税金という考え方も出てくる。一二九二年から九七年まで徴収され続けたマルトート税は、フランス史上初の間接税といわれるものだ。同じく九二年には、ユダヤ人とロンバルディア人の財産没収などという荒業にも訴えているが、それでも金は足りない。どこかに新しい財源はないかと、目の色を変えたあげくにみつけたのが、聖職者という豊満な牝牛だったのだ。

一二九六年、フィリップ四世は王国の聖職者に経済的な協力を訴えた。実質的な課税だが、してみると聖職者たちは確かに王国の住人でありながら、フランス王の家臣というわけではなかった。直臣でも、陪臣でもなく、仕えるべき組織の長は究極的にはローマ教皇という、国際組織カトリック教会のメンバーなのである。

しかして、教皇ボニファキウス八世は勅書「クレリキス・ライコス」を発して、フランスの聖職者課税に激しく抗議してきた。一時は剣呑《けんのん》な空気も流れかけたが、それまで両者の折り合いは悪くなかった。ルイ九世の列聖手続きが進められていて、これが一二九七年八月十日に実現したくらいであれば、好んで蜜月を壊したくなかったということか、ボニファキウス八世は二月七日の勅書「ロマナ・マテル・エクレシア」で、特例としての聖職者課税を認めている。

さらに蜜月は続いた。一三〇一年二月二十八日には、親王ヴァロワ伯シャルルとカトリーヌ・ドゥ・クールトネイの結婚が決まった。これがボニファキウス八世の肝煎《きもいり》で、それというのも花嫁がキリスト教徒の悲願、聖地奪還の星ともいうべき東方ラテン帝国の皇帝、ボードワン二世の女相続人だったからだ。戦上手で知られるフランス王の弟に、ゆくゆくはパレスチナの守りを任せたい魂胆があったわけだが、それ以前に当面の手駒としても重宝された。実際にヴァロワ伯は教皇庁の利害のために、その春はトスカナ地方に遠征する羽目になったりもしている。

ローマ教皇との戦い

融和は続くかにみえた。が、もう一三〇一年のうちに綻《ほころ》びが生じてしまった。きっかけがパミエ司教ベルナール・セッセ事件だった。

パミエは一二九五年、ボニファキウス八世の肝煎で異端カタリ派を撲滅する鍵として、ラングドックに新設された司教座だった。司教に叙されたのが教皇の子飼い、パミエのサン・タントワーヌ大修道院長だったベルナール・セッセだったが、これが他面フランス王には対立的な態度を示した。こちらのフィリップ四世も黙認せず、陰謀を企てた等々の嫌疑で身柄を拘束したが、これがボニファキウス八世の逆鱗に触れたのだ。

一三〇一年十二月五日、教皇は勅書「オウスクルタ・フィリィイ」を発して、パミエ司教の即時の釈放を求め、また全フランス司教のローマ召集を告知した。負けじとフィリップ四世も翌〇二年四月十日、パリのノートルダム大聖堂に異例の聖職者会議を開催した。席上、国王尚書ピエール・フロットの演説に「王国とガリカン教会の改革」という言葉が現れるが、これがフランス国内の教会は国際組織ローマ・カトリック教会に属しながら、なお一定の自立性を保持するという考え方、いわゆるガリカニスムの最初の表明だとされる。フィリップ二世は皇帝という俗界の普遍権威を克服したが、こちらのフィリップ四世は一連の戦いで聖界の普遍権威を克服しようとしたのだと、そうした形容も可能かもしれない。

さておき、この四月十日に聖職者会議が可能になったというのは、あらかじめ別な会合が催されていたからだった。すなわち、聖職者代表のみならず、貴族代表、平民代表と集める王国三身分合同集会、後に名前が定着するところの全国三部会である。

全国三部会といえば、一七八九年にフランス革命を起こしたことで知られる代議機関だが、これを創設したのが実はフィリップ四世だった。諸身分の意見を聞きたいというより、諸身分の意見を聞き、その上で諸身分の理解と合意を得られたという大義名分を手に入れたかった、より具体的にいうならば、諸身分の名の下に王国に大々的な課税を行いたかったからだ。つまりは、あの手この手を弄しながらの、またぞろの軍資金集めである。

フランドルの火が再燃していた。緊張感の高まりに、先に動いたのはフランドルの都市ブルージュだった。駐留フランス兵が虐殺されれば、フィリップ四世は報復に乗り出さざるをえなくなる。七月八日にはクールトレで、フランドル諸都市が送り出した民兵隊連合と激突することにもなる。ところが、これにフランス王の軍隊は手痛い敗北を喫してしまった。遠くアルプスの彼方から様子を窺うローマ教皇としては、まさに千載一遇の好機到来だった。十一月十八日、教皇ボニファキウス八世は勅書「ウナム・サンクタム」を出して、教皇権の優位を強調、フィリップ四世を弾劾《だんがい》した。

まさに弱り目に祟《たた》り目であるが、こちらのフランス王は塞《ふさ》いでばかりではなかった。再度のフランス聖職者会議を開き、その名前で教皇の態度を問う公会議召集を叫ばせながら、自らはラングドックに飛んだ。フランドル戦争のための軍資金を調達するためだが、これが不調に終わった時点で、フィリップ四世は腹を決めたようである。

一三〇三年、フランス王は和平に路線を変更した。五月二十日にはイングランド王エドワード一世を相手にパリ条約が結ばれ、フランス王家が一二九四年から九七年までに征服した土地を全て返還することに決めた。七月にはフランドル駐留部隊の総引き揚げが断行され、九月には休戦の約定も交わす。フィリップ四世にとっては屈辱的でさえある運びだが、それを堪えてまで余計な火種を鎮めたのは、まずローマ教皇だと腹を決めたからに違いないのだ。

それが証拠に同夏、王は法律顧問ギョーム・ノガレをイタリアに派遣している。ボニファキウス八世はローマ貴族の名門ガエタニ家の出身だが、その生家が宮殿を有するアナーニに下がったところを待ちながら、九月六日から七日にかけた夜中に急襲、そのまま教皇の身柄を略取してしまったのだ。八日にはフィリップ四世の破門が発せられると情報を得るや、それを阻まんと強硬手段に訴えたわけだが、かかる暴挙はアナーニの人々の怒りを買い、その圧力で三日後には身柄を解放せざるをえなくなった。もう九月十八日にはボニファキウス八世のローマ復帰となるわけだが、なにぶんにも六十八歳の老人である。

十月二十日、ローマ教皇は臨終を余儀なくされた。使徒の聖座の継承者である自分に手をかけるものがいたというショック、いくら冷静になろうとしても、繰り返し襲いくる怒りと屈辱の虜にされた症状は、まさしく憤死であったと伝えられる。それほどまでに教皇は偉かったという、時代の空気が感じられるような逸話だが、同時にフィリップ四世の大胆不敵な処断も際立つ。まさに唯我独尊のフランス王は、旧時代の常識など顧みようともしなかったのだ。

とにもかくにも、ボニファキウス八世は死んでくれた。ローマの問題が落着すれば、返す刀でフランドル戦争の再開あるのみだった。

フランス王の軍勢は一三〇四年八月十日における海戦の勝利を皮切りに、八月十八日のモンス・アン・ペレールの戦い、同二十四日から始めて、九月十四日に陥落に運んだリール包囲と、連戦連勝の勢いを示す。〇五年三月七日に、伯ギイ・ドゥ・ダンピエールが亡くなると、もはやフランドルは求心力まで失う体だった。六月にアティス条約で終戦したが、このときの約定でフランス王は戦争賠償金が全額支払われるまで、リール、ドゥエイ、ベテューヌ、カセル、クールトレの諸都市を保持できることになった。

新しい教皇クレメンス五世が立ったのも、同じ六月の五日である。ボニファキウス八世のあと、ベネディクトゥス十一世は短命政権に終わり、ならばと高みに上ったクレメンス五世というのが、それまでのイタリア人ならぬフランス人、前のボルドー大司教ベルトラン・ドゥ・ゴウだったのだ。

十一月十四日、南フランスのリヨンで即位を宣言した新教皇は、翌一三〇六年二月二日には教皇勅書「クレリキス・ライコス」と「ウナム・サンクタム」の取り消しを宣言した。汚点まで全て消し去る、フランス王フィリップ四世の完全勝利というわけだった。

神殿騎士団事件

フランス王家の邪魔になるなら、宗教的な権威も例外ではない。フィリップ四世が確信犯だったろうというのは、一度だけではないからである。ここで取り上げる神殿《タンプル》騎士団に対する告発が、それだ。

神殿騎士団というのは、騎士修道会の一派である。発祥の地が東方パレスチナという事実からも知れるように、まさに十字軍の申し子だ。

聖地奪還にかける宗教的情熱からすれば、修道の誓願を立てるのは当然である。とはいえ、東方では異教徒の脅威に対抗するため、常に武装もしていなければならない。かかる事情から、修道士にして騎士という、特異な集団が生まれたわけだが、それで十字軍が華やかなりし時代は構わなかった。ところが、それが下火になり、西方ヨーロッパの故地に引き揚げ、他の修道会と同じように各地に僧院を建てながら、そこで集団生活を始めたとなると、とたんに違和感を生じさせる。いや、単なる違和感に留まらず、いくつかの点では問題視されざるをえない。

ひとつは剣を持つ点である。いくら神の道を修める者だといわれても、戦争もない土地で剣を下げて歩かれれば、やはり物騒な感じだ。修道会といい、騎士団というからには、しかも徒党を組んでだ。僧院という代物も、ものによっては城塞に変わりなかった。パリ右岸に建てられた神殿騎士団の本部がそうで、十九世紀まで残る「タンプル塔」を中核にした施設は、シテ島の王宮やルーヴル城に比べても遜色ない軍事基地だったのだ。

砦に籠もる武装集団が王都に座りこんでいる。ありがたい十字軍の申し子であるとはいえ、こちらのフランス王としては、常に喉元に短剣をあてられている気がしたに違いない。

もうひとつの不都合は金を持つ点だった。僧院を建て、それも城砦まがいの施設に仕立てとできたのも、その資金力ゆえの話なわけだ。神殿騎士団がどうして金持ちだったのかといえば、それまた十字軍熱の賜物だった。聖地奪還に加われば、死後の天国行きが約束されるといわれても、遥か遠く東方パレスチナまで、誰もが簡単に出かけられたわけではない。出かけられない向きは、かわりに喜捨いたしますから、自分たちの分も頑張ってくださいと、こぞって神殿騎士団に寄付寄進を行ったのだ。

かくて肥え太り、そのままヨーロッパに戻るや、神殿騎士団は高利貸しのような真似を始めた。いうまでもなく、あまり褒められた業ではない。ところが、これを歓迎する向きもあった。上得意の借り手が王侯貴族、わけてもフランス王家だった。これは便利と、パリの本部に王家の金庫を預けると、そのままに自らの財務運営を丸投げにしていた時期さえあり、その意味ではフランス王家とは癒着の関係にもあった。

いや、丸投げにしていれば、借金が誤魔化せない。本当にそんなに借りたのかと質したところで、全て数字を把握しているのは向こうのほうだ。だからと金庫を引き揚げたところで、神殿騎士団が債権者であることに変わりはない。財政問題に苦慮したフィリップ四世のこと、すでにして図式から愉快ならざる内心が透けてみえるようである。

神殿騎士団といえば、その内部だけに伝えられる秘儀であるとか、あるいはフリーメーソンの走りだったとか、なにかと伝説が多い団体でもある。魔法に手を染めているらしいとか、男たちばかりで同性愛の宴が繰り返されているようだとか、とかく噂が立てられるのは当時からの話だった。小耳に挟んで、思わず膝を打ったかどうか、フィリップ四世はローマ教皇との戦いに決着をつけた直後の一三〇七年春、神殿騎士団を背教行為の嫌疑で調査する旨を表明する。

五月にポワティエでクレメンス五世と会談、八月にはローマ教皇庁の名前で正式調査の命令を発布させ、かくて外堀を埋めたあげくに決定打として放たれたのが、またもギョーム・ノガレだった。ノガレは九月に尚書に任じられ、事実上の宰相の地位に就いていた。ますます仕事に意欲的な法律顧問が十月十三日、有無をいわさず実行したのが、フランス

火刑に処される神殿騎士団員

大英図書館

にいる神殿騎士団全員の一斉逮捕という荒業だったのだ。

もちろん調査は口実で、本当の目的は修道会が有していた、莫大な資産の没収だったろうとされる。常に金策に追われていた、フィリップ四世らしい話だ。あるいは、いよいよ王都の趣を強くするパリにおいて、王家以外の勢力が軍事拠点を構えている不都合から、神殿騎士団の排除に動いたという解釈もある。が、膝元のパリといえば、神学の殿堂パリ大学もあるわけで、これが抗議の声を上げるのだ。いや、パリのみならず、諸国においても、物議を醸《かも》さないではおかなかったのだ。

フランス王は慌てず騒がず、あたかも予定の行動であるかのように、さっさと全国三部会の召集を布告した。神殿騎士団の一斉逮捕という既成事実を、一三〇八年初頭には王国三身分の名前で承諾させてもいる。以前なら、たちまちローマ教皇庁に噛みつかれたものだが、その聖座を占めるクレメンス五世は身内のフランス人なのである。

のみか、一三〇九年三月九日に訪れたが最後で、教皇は南フランスにおける教皇領の飛び地アヴィニョンに定住、ローマから移して、そこに教皇宮殿まで据えてしまった。もはや教皇権はフランス王の掌の内である。いわゆるアヴィニョン教皇庁の始まりだが、こうなれば一三一二年四月三日の教皇勅書「ウォクス・イン・エクセルソ」で、神殿騎士団の廃止が宣言されても、なんの不思議もなかった。その財産だけは病院騎士団に委譲するとさせたのは、せめてもの教会権威の意地だったろうか。

フィリップ四世にしても、世の非難をかわそうと思うなら、呑まざるをえない条件だった。つまりは、ろくろく得るものもない徒労に終わったが、それでも神殿騎士団の破滅は変わらないのだ。団員に対しては拷問を交えながらの尋問が繰り返された。数々の異端の証拠が得られたとして、ほどなく断罪の運びにもなった。神殿騎士団総長ジャック・ドゥ・モーレーの火刑は、一三一四年三月十九日のことだった。

晩年に射した影

神殿騎士団を破滅に追いやる、その同じ歳月に再燃していたのが、フランドル問題だった。一三〇九年のパリ条約でフランス王は要塞の破壊を行わないと約束するも、一三一一年七月二十日のアラス会談では交渉が決裂、再びの交戦状態に進んだが、右腕ともいうべきノガレが病死に果てたおりであり、フィリップ四世としては気勢を削がれざるをえなかった。仕切り直しとばかりに、翌一四年に三部会を召集、王国諸身分に軍資金の供出を約束させたが、これから進撃という七月には、駐留フランス兵がクールトレを追放される。

弱り目に祟り目というか、よいことがまったくなかった。やられっぱなしで反撃もできないのは、フランス国内では国王課税を不満とする貴族たちが、あろうことか反乱を起こしていたからである。

国内問題のみならず身内問題も、またフィリップ四世を悩ませていた。その五月にはルイ、シャルルの二人の息子に嫁いできていた二人の嫁、マルグリット・ドゥ・ブールゴーニュとブランシュ・ダルトワが、一緒に醜聞を起こしていた。ネール塔はパリ左岸の西端に建てられた、セーヌ河の往来を監視するような施設であるが、ここにゴーティエとフィリップのドネ兄弟を連れこんで、二人ながら逢瀬を楽しんでいたというのだ。間男二人は直ちに処刑、姦通を問われた王家の嫁は二人とも幽閉となったが、王位継承者を育《はぐく》む立場の女たちが起こした事件だけに、ただの不倫で済まない衝撃があった。

もはやフランドル問題どころではない。フィリップ四世は不本意ながらも、和睦を急ぐことにしたようである。かくて実現したのが九月三日のマルケット会談だったが、フランドル伯にはレテル、ヌヴェール領有を認め、フランス王自らはリール、ドゥエイ、ベテューヌの三都市領有に甘んじなければならないという、一歩後退の内容だった。

一連の労苦が祟って、命を縮めたということだろうか。享年四十六歳、あっけない印象さえあるフィリップ四世の崩御は、この和平から間もない十一月二十九日のことだった。

10　あいつぐ不幸

ルイ十世（一三一四年〜一三一六年）

フィリップ四世のあとは、順当に長子の王太子ルイが継いだ。一三一四年中に即位したルイ十世こと、人呼んでルイ喧嘩王（Louis le Hutin）である。傑出した王に続く息子の法則なのか、またも猛々しい綽名がつけられているが、その実の性格は別として、事績をみれば特に勇ましいところもない。それどころか、かえって弱腰なくらいだ。

ルイ十世はフランス王に即位するに先立って、すでにナバラ王になっていた。こちらは一三〇五年に亡くなった母王妃、ジャンヌから受け継いだものだが、実際の王国統治は父王の役人たちに、そのまま任せ放しにしてあった。強権的な体制には、ちょっと逆らえなかったからかもしれないが、そのフィリップ四世も晩年には貴族の反乱に見舞われている。ルイ十世がフランス王として、なにより先に相続しなければならなかったのも、この国内勢力の反乱だった。

一三一五年に新たに起きたそれは、ブールゴーニュ、ノルマンディ、ピカルディ、シャンパーニュと各地方ごとに徒党を組んでの反乱であり、なかんずく、あの戦上手の大立者、叔父のヴァロワ伯シャルルまで敵の味方をしていたのだ。

こういう意味でも、傑物の息子は苦労する。恨みまで受け継がなければならないからである。おまえの親父にはさんざ頭を押さえられたんだぞと、倍化した鬱憤をぶつけられてしまうのである。が、ルイ十世の幸運は怒りの矛先が、別に向かってくれたことにある。叛徒が目の仇にしたのは法律顧問、なかんずくギョーム・ノガレのあとを継いだ体のアンゲラン・ドゥ・マリニィだった。叛徒の告発を受け入れるしか術がなく、ルイ十世は父王の遺臣を逮捕、そのまま四月三十日に処刑することで、事態の収拾に漕ぎつけている。

フランス王家も斜陽とみれば、もう八月にはフランドル伯が結んだばかりの和平を捨てる。臣下としてフランス王に捧げるべき忠誠宣誓を拒否して、再びの交戦望むところとの構えを示したのだ。もちろんルイ十世としても看過ならず、すぐさま軍隊を送り出したが、それも本格的な戦争にはならなかった。

一三一六年六月五日、ルイ十世は崩御した。死因は今もって、よくわかっていない。僅か二年にもならない治世だったが、まあ、遅かれ早かれ死は誰にも平等に訪れる。フランス王家の問題としても、また新しい王を即位させるだけかと思いきや、これがちょっとした問題になる。ルイ十世には娘だけで、息子がいなかったからである。

ありがちな話なようだが、これがカペー朝ではまったく初めての事態だった。よくよく考えてみると、まさに奇蹟と驚くべき話なのだが、この王朝では王位は必ず父から息子へ、またその息子へと受け渡され、女王を立てるとか、女子に婿を取るとか、あるいは兄の王冠を弟に渡すということさえ、ただの一度も行われなかったのだ。

他は違う。同じルイ十世を取り上げても、ナバラ王位のほうは、すんなり王女ジャンヌに継承されている。このナバラ王家などみても、何度も男子に恵まれず、女王を立てたり、婿を取ったりしているのだ。が、そのためにシャンパーニュ伯、そしてフランス王というような、他の王侯の衛星国家に貶《おとし》められる運命ともなり、してみると、やはり王朝繁栄の鍵は子作りにありと打ち上げたくなる。

それはルイ十世も心得ないではなかったのか、やはり励んで、自分の命が尽きたときも、ハンガリーから輿入《こしい》れしてきた王妃、フランス語にいうクレマン・ドゥ・オングリーが妊娠中だった。ひとまず王弟ポワティエ伯フィリップが摂政の任に就き、王妃の出産を待ち望むことになった。かくて九月に生まれ落ちたのが、待望の男子ジャン、すぐさま即位してジャン一世を名乗る新たなフランス王だった。

やってくれた。やはりカペー朝は父から息子で続いていくのだ。そう思うも束の間、「父なき後の王（le Posthume）」ジャン一世は生まれて数日で、天に召される運命の子供だった。

前代未聞の事態だった。王朝成立してからというもの、ただの一度も世継ぎ問題に頭を痛めた覚えのないフランス王家には、それゆえ必要なかったということで、王位継承を定めた法すらなかった。これまでは、こうだったと、単に伝統があるのみだ。

さりとて、一体どうしたらよいものかと、このときは誰も頭を悩ませなかった。成人年齢に達した立派な王子がいたからだ。王に前例はないが、王太子については早死にした兄にかわり、弟が昇格した例が珍しくなかった。なにより、すでに摂政として、フランス王国を舵取りしている。なにも騒ぐことはないとして、ポワティエ伯フィリップの登板となる。

フィリップ五世（一三一六年～一三二二年）

一三一七年一月九日、ポワティエ伯フィリップはランスで戴冠式を執り行い、晴れてフランス王フィリップ五世になった。「フィリップ長身王（Philippe le Long）」と、わかりやすい綽名で残る王だ。父親のフィリップ四世も背が高かったが、それ以上の上背で、ひょろりと細長いような風貌だったらしい。

フィリップ五世の特徴を一言でいえば、三部会好きである。全国三部会、あるいは類する代議機関を頻々と召集して、自らの施政に協賛を求め、もってフランス王国の総意とすることで、力強い政権運営を図ろうとしたのである。

兄王が隠れ、義姉王妃の出産を待つ間の、そもそもの摂政就任からして、有力貴族の集会で賛意を得てのものだった。晴れてフランス王に即位しても、一番に取りかかったのが三身分会議の召集であり、戴冠式直後の二月には、もうパリで開催している。三月には都市代表集会が試みられ、ラングドイル、つまりはオイル語を話す北フランス四十七都市の代表はパリに、ラングドック百都市の代表はブールジュに、それぞれ集められている。と きを同じくして、ブールゴーニュ公ウード四世やヌヴェール伯ルイらを首領とする貴族反乱が起きていたのだが、これに対するにも四月に全国三部会を召集して、鎮圧作戦のための軍資金徴収に協賛を求めているのだ。

一三一八年三月にはブールゴーニュ公ウード四世を王女のひとりと結婚させ、もって反乱の鎮静化に成功したが、かくて取り戻された王国の平和も束の間、その秋にはフランドル問題が再燃する。十月にコンピエーニュで持たれた家臣級会談が決裂して、いよいよ戦争開始となるや、今度もフィリップ五世は三部会なのである。

すなわち、十一月にはバイヤージュ代表集会（北フランス）、翌一三一九年一月にはセネショセ代表集会（南フランス）と召集して、それぞれフランドル戦争のために王家に「寸志（octroi）」が送られるべきことを認めさせた。二〇年にはポントワーズで、二一年にはポワティエで、それぞれ全国三部会を開き、今度は王家の貨幣改鋳に理解を求めたが、逆に貨幣の安定を求められたりしている。召集の動機は手前勝手なものだとしても、なかなか「民主的」な手続きを惜しまない素ぶりだったのである。

そのままの統治が長く続けば、フランスにもイギリス張りの議会制が成立していたかもしれない。が、一三二二年一月二日、フィリップ五世は、いや、フィリップ五世も、早々に崩御することになった。息子はあったが早くに亡くなり、残されたのは今度も三人の娘だけだった。とはいえ、フィリップ五世自身の即位が前例になっている。息子がいなければ弟に継がせるのみと、フィリップ四世の王子も末の三男、ラ・マルシュ伯シャルルの出番になる。

シャルル四世（一三二二年〜一三二八年）

一三二二年、ラ・マルシュ伯シャルルはフランス王シャルル四世になった。「シャルル悪王（Charles le Mauvais）」の名前で歴史に残るが、「美男王（le Bel）」と伝える書もあり、あるいは父王に最も似た息子だったかもしれない。

フィリップ四世の一面を彷彿させながら、なかなか好戦的な姿勢も歴史に残している。ロベール・ドゥ・ベテューヌにかわった新しいフランドル伯、ルイ・ドゥ・ヌヴェールと同盟が成立し、こちらの不安から免れたという幸運があったとはいえ、積年の仇敵であるイングランド王との戦いを再燃させるからである。一三二三年、サン・サルドス要塞の小競り合いに端を発したことから、「サン・サルドス戦争」とも呼ばれる紛争がそれだが、きっかけに和平を破ると、シャルル四世は二四年七月一日に、イングランド王エドワード二世に対して、アキテーヌ公領の没収を宣言したのだ。

征服を行うのは戦上手の叔父、またしてもヴァロワ伯シャルルだった。実際、その年の夏の間にアキテーヌの制圧は完了した。これを最後の仕事として、ヴァロワ伯自身は惜しくも亡くなっているが、その一三二五年に片をつけたアキテーヌ問題はといえば、高圧的ともいえる勝利で結ばれることになった。すなわち、エドワード二世は息子の王太子エドワードにアキテーヌ公とポンテュー伯の称号を譲り、それとしては隠居を強いられた。のみか、公領を治める役人はフランス王が派遣するという取り決めもなされていた。

そのあと荒れに荒れたのがイングランドのほうで、一三二七年、エドワード二世に嫁いでいた妹イザベル王女が、息子の王太子エドワードを擁して蜂起、夫を追放して息子を王位に就けるという政変を敢行した。これにフランス王として、あるいはイザベル王女の兄であり、新王エドワード三世の伯父であるものとして対処し、二八年にはアキテーヌ公領とポンテュー伯領の領有を改めて認めているのだが、シャルル四世もそこまでだった。

一三二八年二月一日、シャルル四世も僅かの治世で崩御した。またもというか、今度も息子は早世していた。それでも王妃ジャンヌ・デヴリューは妊娠中で、新王の誕生が期待された。が、生まれたのは今回は女児だったのだ。

摂政の任についていたヴァロワ伯フィリップ、つまりは戦上手で知られたヴァロワ伯シャルルの息子が、フランス王フィリップ六世として即位することになった。現実の歴史は休まず前に進んでいくのだが、後世から眺める人間は、いったん区切りをつけるのが通例である。

すなわち、その先はヴァロワ朝の歴史であり、ここでカペー朝は断絶だった。三百年を超える時間を、父から子へ、そのまた子へと確実に王位を受け渡してきた王朝が、あれよという間に断絶に追いこまれる。それも子供がいないでなく、成人に達した男子が三人もいて、なかには息子に恵まれた者までいて、合わせて四人が王位を継いだにもかかわらず、ことごとくが夭折したあげくの断絶である。

本当のところは知らない。というより知りようもないのだが、ルイ十世、ジャン一世、フィリップ五世、シャルル四世と、美男王フィリップ四世に続いた王たちが、次から次と不幸に見舞われてしまったのは、破滅させられた神殿騎士団の呪いだともいわれている。

おわりに　天下統一の物語

王たちのデータ

カペー朝のフランス王は、生まれて数日で死んだジャン一世を除けば、全部で十四人を数える。かかる王たちのデータ処理を試みると、どんな結果が現れるか。

まずフランス王に即位する年齢だが、十四人の平均で二十三・四歳と出る。初代のユーグ・カペーは生まれながらの王でなく、それゆえ即位も四十七歳と遅い。これを除いた十三人で取ると、即位の平均年齢は二十一・六歳ということになる。

実際のところをみても、二十代で即位した王が六人と最も多い。ついで多いのが十代で即位した王で四人、ルイ七世、フィリップ二世、ルイ九世、フィリップ四世と、なかなかの顔ぶれとなる。若年でトップの座に就かされた苦労こそ、後の名君を育てる礎《いしずえ》なのだと、一種の教訓を読み取るべきか。

あとの即位は三十代がルイ六世と八世の二人、四十代（ユーグ・カペー）、十歳未満（フィリップ一世）が、それぞれ一人ずつとなる。

次に在位年数だが、こちらは十四人の平均で二十四・三年間と出る。例外として再び初代のユーグ・カペーと、明らかな異常事態として最後の三王を除き、残りの十人で平均を取ると、これが三十一・八年間と出る。最長がフィリップ一世で、八歳で即位した事由があるとはいえ、在位は四十八年間、ほぼ半世紀の長きにわたる。四十年以上の在位がルイ七世、フィリップ二世、ルイ九世と、さらに三人いる。これまた十代で即位した三人だが、してみると、名君は若いときの苦労に鍛えられただけではないのかもしれない。早くに即位すれば、たっぷり時間を与えられるので、じっくり大きな仕事に取り組めると、かかる事情も大きいのかもしれない。あとは三十年以上の在位が一人、二十年以上が三人、十年以上が一人、そして十年未満が五人という結果になる。

最後が没年齢だが、十四人の平均が四十七・八歳と出る。やはり異常事態として、再び最後の三人を除いた十一人の平均でみると、五十二・六歳となる。

中世一般の平均寿命を考えると、カペー朝の王たちは長寿揃いといってよい。なにせ二十代で死んでいるのは、異常事態のときの二王、ルイ十世とフィリップ五世だけなのだ。これに同じく異常事態の王シャルル四世が、三十四歳の若さで没して続く。意外や戦没した王も少なく、三十九歳で死んだルイ八世と、四十歳で死んだフィリップ三世の二人だけである。あとはフィリップ四世が四十六歳で崩御と、比較的短命ということになり、残り八人は軒並み五十歳を超えている。ルイ七世などは六十歳の大台に達している。子供の昔話で「王さま」というと、大抵が白い髭を生やしたおじいちゃんだが、このあたりのステレオタイプも実は根拠がある話なのかもしれない。

さすがは王者で、その身体は遺伝学的に強かったのか。あるいは食べ物はじめ生活環境に恵まれたせいか。十四人のうち、七人までが長男として生まれているから、生き残った丈夫な王子が王に即位しただけの話だと、そう単純に決めつけられた話でもない。

さて、どれだけの意味があるかは知れないながら、以上のようなデータ処理から、王の平均像というものを描いてみよう。カペー朝の時代においては、フランス王は大体二十一、二歳で王に即位し、そのまま三十年間ほど在位して、五十二、三歳くらいで死んでいる。あにはからんや、現代人の時間感覚に近い。モラトリアムが伸びるばかりの現代日本のそれからはずれるかもしれないが、大体二十一、二歳で就職し、勤続三十年を頑張り、五十二、三歳くらいで引退するというのは、ちょっと前の時代なら、ごくごく普通の感覚だったろう。

まさに等身大の人生である。実際のところ、フランス王の物語なのに、なんだか親近感を覚える。強いて形容を試みるなら、個人商店の奮闘日記くらいの感覚だ。「フランク皇帝」という大店から暖簾を分けられた分家、「西フランク王」に仕える番頭だったものが、もう馬鹿なボンボンには任せられないと、金看板を奪って創業。はじめは自転車操業だったが、使用人にも恵まれて、「フランス王」は徐々に業績を伸ばす。ライヴァル商店と鎬《しのぎ》を削り、ここぞと金看板を出しながらの商戦で、次から次と勝利を収める。気がつけば、かつて仕えた大店の分家にも、いや、大店そのものにも負けないくらい、商いを大きくしていたと、それくらいのサクセス・ストーリーを書くのと変わらないのである。

違うとすれば、それが一人の出世物語に留まらない点と、およそ三世紀半の長きにわたって、十五人ないしは十四人の男たちに受け継がれた、ひとつ血脈の奮戦記であるがために、最後はフランスという国家まで論じられる、大きな話になっている点である。

カペー朝の功績

地図を御覧いただきたい。カペー朝の初代ユーグ・カペーの王領が、濃い網で示された部分である。パリからオルレアンにかけた回廊のような小片、イール・ドゥ・フランス（フランス島）と呼ばれた土地は、まさに大海に浮かぶ小島の如くである。その持ち主でしかないものが、国境を示す点線で囲まれた内側の版図、その広大な王国の主とされてい

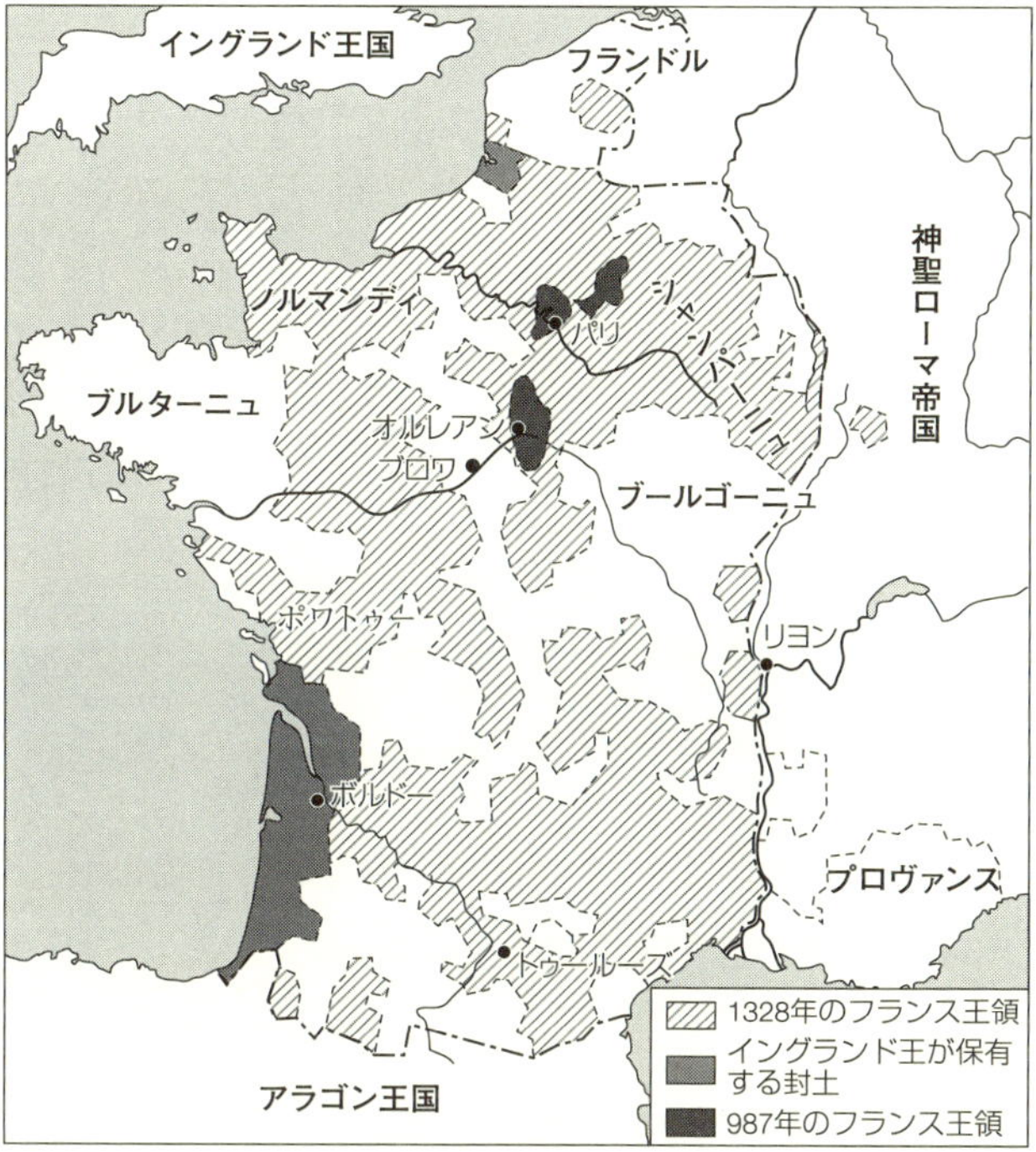
イングランド王国
フランドル
神聖ローマ帝国
ノルマンディ
シャンパーニュ
パリ
ブルターニュ
オルレアン
ブロワ
ブールゴーニュ
ポワトゥー
リヨン
ボルドー
プロヴァンス
トゥールーズ
アラゴン王国
1328年のフランス王領
イングランド王が保有する封土
987年のフランス王領

1328年のフランス

た。まさに名ばかりの王だが、この僅かな元手でカペー朝の王たちは頑張ったのだ。

その成果が斜線で示した一三二八年の王領である。なおフランス王が国土の全てを手中にしているわけではない。親王たちの領地を別にして、フランドル伯、ブロワ伯、ブルターニュ公、ブールゴーニュ公、そしてアキテーヌ公ことイングランド王と、外様というべき諸侯が占める土地は少なくない。とはいえ、手前など名ばかりの王でございますと、こちらが萎縮しなければならない状況でもなくなっているのだ。

王領の広がりは、もはや諸侯領の全てを圧倒するものである。カペー朝のフランス王家は、かつての西フランク王国の国境線の内側を、ひとつの王国として束ねられるだけの、確固たる求心力に成長したといえる。あるいはフランク帝国の崩壊で麻の如く乱れた天下を、見事に統一したのだというべきか。

天下統一といえば、日本史の室町末期、いわゆる戦国時代が頭に浮かぶが、日本全国のなかで天下統一を遂げた豊臣秀吉が占めた領地の広がり、あるいは徳川家康が占めた領地の広がりと比較すれば、フランス王国に築かれたカペー朝の持ち分は不動の天下人のそれといえる。

もちろん、容易ならざる道ではあった。最初にイール・ドゥ・フランスの足場を固め、じわじわ外側に進出を試みるも、その過程で強大なアンジュー帝国を敵に回す羽目になる。その百年にわたる抗争に勝利を収め、勢いづくまま異邦ラングドックを獲得、目の上のたんこぶ的なシャンパーニュまで手に入れて、フランス王の名前に相応しい磐石の地位を築き上げた。まさに、ようやくという話だ。その成功の秘訣は、なんだったか。

ひとつは家系を断絶させせなかったことが挙げられる。まさに王朝として、絶え間なく存続できた事実は大きい。父から子へ、子から孫へと口でいうのは容易《たやす》いが、直系の男子だけで十五代、三百四十一年間の長きを通じて、ひとつ王位を連綿と継承させたカペー朝の歴史は、よくよく考えれば、ほとんど奇蹟といえるものなのだ。日本の徳川将軍家も十五代続いて、これまた偉業に違いないが、それも御三家、御三卿を用いた上での話なのだ。

常識的に考えても、常に息子に恵まれるはずがない。子供がいない、あるいは娘しかないなら、養子を迎えればよい、婿を取ればよいといって、そのときは他家に吸収されて、王朝としては途切れざるをえない。その余波で政策の連続性が損なわれたりもする。こうした不都合が、カペー朝にはなかったのだ。

信長、秀吉、家康というような、日本史のスターたちと比肩できる名君が、常に王座にいたわけではない。個々の王は我々に親近感を許してくれるほど身近な、しばしば凡庸といえるくらいの人物であり、またそれゆえに業績の高《たか》は自ずと限られる。が、たった一代で勝負しなければならない理由はない。その成長は遅々たる亀の歩みであったとしても、血統さえ絶やさなければ何代もかけることで、フランス王家は着実に前進することができたのだ。

もうひとつには普遍的な権威に色気を出さなかったことか。「世界」に覇を唱えるべく宿命づけられた皇帝でなく、西フランクを治める一介の王にすぎなかったことが、結果的に幸いした。東フランク、つまりドイツのほうは皇帝位を保持することになったため、領邦君主、いや、諸侯程度の実力しか持たないものが、世界帝国の建設を目指さざるをえなくなったのだ。

支配の網かけを大きくすれば、その目のほうは粗くならざるをえない。ほんの足元さえ固まらず、ドイツ王たることさえできない。そんな体たらくであったにもかかわらず、さらに厄介な立場に追いこまれたというのは、今ひとりの普遍的な権威、イタリアのローマ教皇とも世界の指導権を巡って、常に対立せざるをえなかったからだ。

この激越な抗争に疲れ果て、双方とも国造りどころの話ではなくなってしまう。ドイツも、イタリアも、十九世紀まで統一が遅れた所以である。反対にフランスのほうは、いわば気楽な三男よろしき立場でいることができた。自分のことだけ考えればよいとして、着々と成長を続けられたわけだが、それでも長男と次男は自分たちの喧嘩に忙しく、生意気な弟を叩いてやらなければなどという、気力も余力も持てなかった。誰にも邪魔されず、伸び伸びと大きくなって、気づいたときには長男も次男も優に上回る、驚くべき巨漢に長じていたというのが、カペー朝のフランス王家だったのだ。

カペー朝の限界

かくてフランス王家は、かつての西フランク王国をばらばらにしない、確固たる求心力たりえることができた。あるいは天下統一を遂げられた。が、ここで話を単なる天下から、国家のほうへと進めなければならない。王国の第一人者が、逆らったら叩いてやるぞというような鉄拳制裁の論理で、単に天下に睨みを利かせられたかどうかの問題でなく、一国の君主として、国家元首として、客観的、恒常的な支配システムを構築できたかどうかの問題が、次には論じられなければならないというのである。かかる機能はフランク帝国が崩壊し、西フランク王国が無政府状態に陥り、それ以来ずっと麻痺したままなのだ。

カペー朝のフランス王家は、わけてもフィリップ二世の時代以降は、かかる国家機能の再建にも踏み出している。中央の組織としては、王会の機能を分化、専門化させることで、かたや政策決定の場としての顧問会議を、かたや行政運営の要としての諸院を出現させた。後者についていえば、司法の分野を統括する高等法院と、神殿騎士団に丸投げしていた財務の分野を担当する会計院が、カペー朝の時代に設立されている。

地方の組織としては、プレヴォ、そしてバイイ、セネシャルというような国王代官が、各地に管轄を与えられて、代官業務を励行するシステムが造られた。いずれも王の臣として知行を与えられた領主でなく、有給官僚、つまりは王の雇われ人として管轄を与えられた役人である。が、これも注意が必要なのだ。

自立的な豪族として、各地に勝手に群雄割拠していた伯たちも、元を正せばフランク皇帝が派遣した地方役人だった。王の政治的求心力が下がれば、たちまち勝手をやり始める。それを許すまいとすれば、やはり常に目を光らせていなければならない。裏を返せば、王は自分の目の届く範囲しか治められない。

だからこそ、メロヴィング朝のフランク帝国は、広大な版図を手中にしながら、その国土を細かく分割せざるをえなかった。シャルルマーニュというような巨大なカリスマが亡くなるや、カロリング朝も分裂を余儀なくされたが、その東フランク、中央フランク、西フランクというような分け方でさえ、まだまだ大づかみだったのだ。ために伯の独立という現象を惹起して、崩壊の危機に進んだのだ。

王位を手にしたカペー朝は、そうはさせじと奮闘した。いや、高邁な理想を掲げながらの行動でなく、一家の野望にすぎなかったかもしれないが、結果として広大な西フランクの国土に覇を唱えることができた。が、単に多くの土地を掻き集めた豪族が、その実力を鳴らすのでなく、確固たる支配のシステムで治めたいと思うなら、西フランク王国の再建では足りないことになる。やっても、同じことの繰り返しになるだけだからだ。プランタジュネ家が好例だ。かの「アンジュー帝国」の末路にみる通り、どんなに沢山の土地を集められたとしても、早晩ばらばらにならざるをえないのだ。

それくらいは百も承知と、カペー朝も末期の王フィリップ四世などは、全国三部会の召集なり、貨幣改鋳なり、国王課税なり、従来の慣行にない新たな試みを行っている。それは必要に迫られた挑戦でもあった。わけても経済の視角で切るなら、フランス王といえどもいまだ大きな領主にすぎなかったからだ。領地の数が多いので、収入の規模も大きいが、原理的には他の豪族と変わらない。なのに支出のほうは、一介の領主の域を逸脱した、一国の王たる規模を求められる。どうにもバランスが取れないのである。

これまでのやり方では通用しない。卑近なたとえに戻すなら、個人商店も成功すれば、今度は会社形態を取らなければならなくなるのと同じである。国造りも新たなステージに進むためには、その原理原則からして別物に転換しなければならないのだ。

これがカペー朝の手には余った。いや、道半ばといえなくもないが、苦闘の道のりで神殿騎士団に手を出してしまい、その呪いが原因で断絶を強いられたとするならば、やはりカペー朝は限界に来ていたのだ。

いまだ果たされざる課題は、次のヴァロワ朝に持ち越される。人に困難を乗り越えさせるもの、それは新しい時代も変わらず、幾多の試練になるだろう。

例えば王位継承というような……。あるいは百年戦争というような……。はたまた宗教戦争というような……。

主要参考文献

Bradbury,J.,The Capetians,Kings of France987-1328,London,2007.
Bradbury,J.,Philip Augustus,King of France 1180-1223,London,1998.
Decker,Th.,Dictionnaire des rois,réines et présidents de France,Paris,2002.
Deuil,O.de,Histoire de la croisade du roi LouisVII,Paris,2004.
Dunbabin,J.,Charles I of Anjou,London,1998.
Dunbabin, J.,France in the making,843-1180,Oxford,1985.
Fawtier,R.,Les capétiens et la France,Paris,1942.
Favier,J.,Un roi de marbre,Paris,2005.
Favier,J.,Philippe Le Bel,Paris,1998.
Feuer,D.,Hendecourt,J.d',Dictionnaire des Souverains de France et de leurs épouses, Paris,2006.
Flodoard,Chroniques féodales.918-978,Paris,2002.
Gillingham,J.,The Angevin Empire,London,2001.
Gobry,I.,Les Capétiens(888-1328),Paris,2001.
Guerard,F.,Dictionnaire des Rois et Reines de France,Paris,2005.
Guizot,F.,Chroniques des premiers Capétiens,987-1108,Paris,2003.
Grant,L.,Abbot Suger of St-Denis,London,1998.
Lamy,M.,Les Templiers,Bordeaux,1997.
Lot,F.,La France des origines à la guerre de cent ans,Paris,1948.
Herrs,J.,De Saint Louis à LouisXI,forger la France,Paris,1998.
Joinville,J.de,Vie de Saint Louis,Paris,1995.
Le Breton,G.,La Philippide,Paris,2004.
Le Breton,G.,Continuation de la vie de PhilippeII Auguste,Paris,2003.
Menant,F.,Hervé,M.,Merdrignac,B.,Chauvin,M.,Les Capétiens,Histoire et Dictionnaire 987-1328,Paris,1999.
Phan,B.,Rois & Reines de France,Paris,2008.
Puy-Laurens,G.de,Histoire de l' expédition contre les Albigeois,Paris,2004.
Rials,S.,Le miracle capétien 987-1789,Paris,1987.
Richard,J.,Saint Louis,Paris,1983.
Richer,Le Coup d'Etat Capétien,888-997,Paris,2002.
Rigord,La vie de PhilippeII Auguste,Paris,2003.
Saissier,Y.,Hugues Capet,Paris,1987.
Sivery,G.,Saint Louis,Paris,2007.
Sivery,G.,Saint Louis et son siècle,Paris,1983.
Suger,L'abbé,Le roi et les barons 1100-1165,Paris,2002.

講談社現代新書　2005

カペー朝《ちょう》——フランス王朝史《おうちょうし》　1

二〇〇九年七月二〇日第一刷発行　二〇二一年二月一五日第一一刷発行

著者　佐《さ》藤《とう》賢《けん》一《いち》　© Kenichi Sato 2009

発行者　渡瀬昌彦

発行所　株式会社講談社

東京都文京区音羽二丁目一二—二一　郵便番号一一二—八〇〇一

電話　〇三—五三九五—三五二一　編集（現代新書）

〇三—五三九五—四四一五　販売

〇三—五三九五—三六一五　業務

装幀者　中島英樹

印刷所　豊国印刷株式会社

製本所　株式会社国宝社

定価はカバーに表示してあります　Printed in Japan

本書のコピー、スキャン、デジタル化等の無断複製は著作権法上での例外を除き禁じられています。本書を代行業者等の第三者に依頼してスキャンやデジタル化することはたとえ個人や家庭内の利用でも著作権法違反です。Ⓡ〈日本複製権センター委託出版物〉複写を希望される場合は、日本複製権センター（〇三—六八〇九—一二八一）にご連絡ください。

落丁本・乱丁本は購入書店名を明記のうえ、小社業務あてにお送りください。送料小社負担にてお取り替えいたします。なお、この本についてのお問い合わせは、「現代新書」あてにお願いいたします。

N.D.C 235　249p　18cm

ISBN978-4-06-288005-3

「講談社現代新書」の刊行にあたって

教養は万人が身をもって養い創造すべきものであって、一部の専門家の占有物として、ただ一方的に人々の手もとに配布され伝達されうるものではありません。

しかし、不幸にしてわが国の現状では、教養の重要な養いとなるべき書物は、ほとんど講壇からの天下りや単なる解説に終始し、知識技術を真剣に希求する青少年・学生・一般民衆の根本的な疑問や興味は、けっして十分に答えられ、解きほぐされ、手引きされることがありません。万人の内奥から発した真正の教養への芽ばえが、こうして放置され、むなしく滅びさる運命にゆだねられているのです。

このことは、中・高校だけで教育をおわる人々の成長をはばんでいるだけでなく、大学に進んだり、インテリと目されたりする人々の精神力の健康さえもむしばみ、わが国の文化の実質をまことに脆弱なものにしています。単なる博識以上の根強い思索力・判断力、および確かな技術にささえられた教養を必要とする日本の将来にとって、これは真剣に憂慮されなければならない事態であるといわなければなりません。

わたしたちの「講談社現代新書」は、この事態の克服を意図して計画されたものです。これによってわたしたちは、講壇からの天下りでもなく、単なる解説書でもない、もっぱら万人の魂に生ずる初発的かつ根本的な問題をとらえ、掘り起こし、手引きし、しかも最新の知識への展望を万人に確立させる書物を、新しく世の中に送り出したいと念願しています。

わたしたちは、創業以来民衆を対象とする啓蒙の仕事に専心してきた講談社にとって、これこそもっともふさわしい課題であり、伝統ある出版社としての義務でもあると考えているのです。

一九六四年四月　野間省一

世界史Ⅰ

世界史Ⅱ

J

日本史Ⅰ

日本史Ⅱ

2319 昭和陸軍全史3——川田稔
2328 タモリと戦後ニッポン 近藤正高
2330 弥生時代の歴史——藤尾慎一郎
2343 天下統一——黒嶋敏
2351 戦国の陣形——乃至政彦
2376 昭和の戦争——井上寿一
2380 刀の日本史——加来耕三
2382 田中角栄——服部龍二
2394 井伊直虎——夏目琢史
2398 日米開戦と情報戦——森山優
2401 愛と狂瀾のメリークリスマス 堀井憲一郎
2402 ジャニーズと日本——矢野利裕
2405 織田信長の城——加藤理文
2414 海の向こうから見た倭国 高田貫太
2417 ビートたけしと北野武 近藤正高
2428 戦争の日本古代史——倉本一宏
2438 飛行機の戦争 1914-1945——一ノ瀬俊也
2449 天皇家のお葬式——大角修
2451 不死身の特攻兵——鴻上尚史
2453 戦争調査会——井上寿一
2454 縄文の思想——瀬川拓郎
2460 自民党秘史——岡崎守恭
2462 王政復古——久住真也